www.ingramcontent.com/pod-product-compliance
Lightning Source LLC
LaVergne TN
LVHW010400070526
838199LV00065B/5872

خدا کی جنت

(مزاحیہ مضامین)

فکر تونسوی

© Taemeer Publications LLC

Khuda ki Jannat *(Humorous Essays)*
by: Fikr Taunsvi
Edition: August '2024
Publisher :
Taemeer Publications LLC (Michigan, USA / Hyderabad, India)

ISBN 978-93-5872-543-8

مصنف یا ناشر کی پیشگی اجازت کے بغیر اس کتاب کا کوئی بھی حصہ کسی بھی شکل میں بشمول ویب سائٹ پر اَپ لوڈنگ کے لیے استعمال نہ کیا جائے۔ نیز اس کتاب پر کسی بھی قسم کے تنازع کو نمٹانے کا اختیار صرف حیدرآباد (تلنگانہ) کی عدلیہ کو ہوگا۔

© تعمیر پبلی کیشنز

کتاب	:	**خدا کی جنت** (مزاحیہ مضامین)
مصنف	:	**فکر تونسوی**
صنف	:	طنز و مزاح
ناشر	:	تعمیر پبلی کیشنز (حیدرآباد، انڈیا)
سالِ اشاعت	:	۲۰۲۴ء
صفحات	:	۱۰۶
سرورق ڈیزائن	:	تعمیر ویب ڈیزائن

فہرست

(۱)	میں مالک مکان بنا	6
(۲)	بیوی کے ہجر میں	15
(۳)	خدا کی جنت	23
(۴)	بچے کتنے ہونے چاہئیں	36
(۵)	دلی جو ایک شہر ہے	41
(٦)	اوٹ پٹانگ	73
(۷)	ایڈیٹر کے نام لَو لیٹرز	81
(۸)	میری وصیت	93
(۹)	فکر تونسوی بھیڑ کا آدمی: مجتبیٰ حسین	102

مَیں مالک مکان بنا

اور آخر بیوی کے اصرار پر میں نے وہ ڈیڑھ کمرہ کرایے پر اٹھا دیا۔ اس سے اگرچہ خاندان کی روایت ٹوٹ گئی۔ لیکن بیوی نے نئی روایت قائم کر دی۔ شادی کے بعد خاندان کی حیثیت بیوی کے مقابلے پر سیکنڈری ہو جاتی ہے۔

یہ ڈیڑھ کمرہ میری مناسب ضروریات سے زیادہ تھا۔ زیادہ سے زیادہ اس کا مصرف یہ تھا کہ میرا بڑا لڑکا کبھی کبھی اس میں گھس جاتا اور اپنی محبوبہ کے خطوط پڑھا کرتا تھا، یا اس کے ایک تاریک گوشے میں کچھ خستہ قسم کی خاندانی دستاویزات پڑی رہتی تھیں جن کا میں خواہ مخواہ احترام کئے جا رہا تھا۔

میری ٹریجڈی یہ تھی کہ میں انسانیت کو کرایے دار اور مالک مکان میں تقسیم کرنا نہیں چاہتا۔ یہ میرا اصول ہے۔ آپ کہہ سکتے ہیں کہ انسانیت کے متعلق میری معلومات کافی ناقص تھیں۔ لیکن میرا خیال ہے اصول کا معلومات سے کوئی تعلق نہیں ہوتا۔

میرے کرایہ دار کا نام گجانند تھا جو اگرچہ نامعقول نام تھا۔ لیکن چونکہ وہ ایک منسٹر کا سفارشی خط لایا تھا۔ اس لئے مجبوراً میں نے اخلاقاً کہا "گجانند جی! منسٹر تو سفارشی خط لکھ کر اپنا سوشلزم کا گزارا کر لیتے ہیں لیکن آپ کرایہ دار بن کر کیوں گزارا کرنا چاہتے ہیں؟"

اس نے ایک ٹھنڈی سانس بھری جو بے حد مانوس تھی، اور بولا ——

"جناب! مجھے جیوتشی نے بتایا ہے کہ اس جنم میں تم مالک مکان نہیں بن سکتے۔ صرف اگلے جنم میں چانس ہے"۔

جواب میں معصومیت تھی جو مجھے پسند آئی۔ مصیبت یہ ہے کہ معصوم انسانیت کے راستے میں جیوتشی حائل ہیں۔ گجانند کے لہجے میں جو سادگی اور پاکیزگی تھی اس کی بنا پر میں نے پوچھا "بھائی جان! آپ اتنے شریف اور مہذب کیوں ہیں؟"

وہ جھٹ بول اٹھا "یہ خاندانی وراثت ہے۔ اس میں میرا کوئی دوش نہیں جناب!"

عجیب بات ہے۔ کئی ماں باپ ورثے میں مکان چھوڑ جاتے ہیں اور کئی صرف شرافت اور تہذیب —— میں نے اسے سمجھایا "گجانند جی! دراصل کمرہ تو ایک ہی ہے۔ مگر میری بیوی نے ایک چق لگا کر اسے ڈیڑھ کمرہ بنا رکھا ہے تاکہ ڈیوڑھا کرایہ وصول کر سکے اور شرفاء کے لئے صرف ایک کمرے میں رہنا غیر موزوں ہے"۔

اور جواب میں اس نے جیسے میری ساری فلاسفی کی توہین کر دی اور کہا "اوّل تو مجھے شرفاء میں شمار نہ کیجئے اور اگر آپ شمار کرتے بھی ہیں تو اس کا انکشاف دوسروں پر نہ کیجئے"۔ اس کے علاوہ گجانند نے میری

بیوی کا ذکر اپنے خاندانی ورثے سے بھی زیادہ احترام کے ساتھ کر دیا کہ وہ بے حد معقول خاتون ہیں۔

اور میں بیوی کی معقولیت سے گھبرا گیا اور وہ ڈیڑھ کمرہ گجانند کے حوالے کر دیا۔

تین مہینے کے بعد مجھے ایسا محسوس ہوا جیسے گجانند اس ڈیڑھ کمرے کو جنت سمجھ کر رہ رہا ہے۔ وہ اتنا مرنجان مرنج نکلا کہ محلّے کے پانچ سات چوہے تک نقل مکانی کر کے جنت میں گھس گئے۔ شرفاء کی یہی ٹریجڈی ہوتی ہے کہ وہ چوہے اور انسان میں کوئی امتیاز نہیں برت سکتے۔

ایک دن محلّے کے تین چار معزز لوگ میرے پاس تشریف لائے۔ میرا مطلب ہے' لباس سے وہ معزز معلوم ہوتے تھے۔ ایک نے کہا۔ "مبارک ہو فکر صاحب! آپ اب مالک مکان بن گئے ہیں!"

دوسرے نے وضاحت کی۔ "جب تک کرایہ دار نہیں آیا تھا آپ مالک مکان کہلانے کے مستحق نہیں ہوئے تھے!!"

تیسرے نے کہا: "یعنی اب آپ میں ایک مفہوم پیدا ہو گیا ہے!"

چوتھے نے ایک فارم میری طرف بڑھاتے ہوئے کہا "اور اب آپ ہماری محلہ رنگمپورہ مالک مکان ایسوسی ایشن کے معزز ممبر بن جائیے!"

میں نے اپنے علم میں اضافہ کرنے کی غرض سے پوچھا: "اس ایسوسی ایشن کے جنم کا کوئی معقول یا نامعقول مقصد؟"

وہ بولے۔ "بات یہ ہے جی! کہ یہ کرایہ دار لوگ بڑے بدمعاش ہوتے ہیں۔"

"یعنی میرا کرایہ دار بھی بدمعاش ہے؟"

"نہیں ہے تو ہو جائے گا۔ اسی لئے ہم مالک مکان آپس میں بھائی چارہ پیدا کرنا چاہتے ہیں اور اسی لئے آج سے آپ ہمارے بھائی ہیں۔"

میرا جی چاہا، انہیں کہہ دوں۔ کسی منسٹر کی سفارش لائیے۔ جب آپ کا بھائی بنوں گا۔ لیکن یہ شرط بھونڈی معلوم ہوئی۔ کیونکہ اسے معزز ین آسانی سے پوری کر سکتے تھے۔ آنکھیں بند کر کے دستخط کر دیئے۔ اگرچہ دستخط کے بعد اپنی حرکت پر بہت تعجب ہوا۔ چند دن پہلے میں نے گجانند کو بھی اپنا بھائی کہا تھا۔ اب مکان مالکوں کا بھی بھائی بن گیا ہوں۔ یہ دو متضاد قسم کے بھائی ......؟ لیکن پھر سوچا۔ اس دنیا کے سبھی انسان بھائی بھائی ہوتے ہیں۔

اسی شام گجانند سے اطلاعاً عرض کر دیا کہ آج سے آپ بھائی صاحب نہیں ہیں بلکہ کرایہ دار ہیں۔"

اور گجانند نے کہا۔ "چھوڑیئے جی! آپ تو مذاق کرتے ہیں۔"

لیکن میں مذاق نہیں کر رہا تھا۔ بہت سیریس تھا۔ ایسوسی ایشن کا (معزز) ممبر بن جانے سے میری ذمہ داریاں بڑھ گئی تھیں۔ اس لئے میں دن رات اس ٹوہ میں رہنے لگا کہ گجانند کے کمرے سے کوئی آواز اٹھے اور میں چھت پھاڑ دوں۔ فرش پر پلنگ کھسکانے کی آواز، رات کو دیر سے آنے کی آواز، چو لہے کے گلاس توڑنے کی آواز، مہنگائی کے خلاف گالیوں کی آواز، یہاں تک کہ اس کے بچوں کے رونے کی آواز بھی آتے تو میں للکار کر کہوں ——— "گجانند! اپنے بچوں سے کہہ دو، رونا بند کر دیں! کیوں کہ اس سے میرے بچوں کو معلوم ہو جائے گا کہ انسان روتے بھی ہیں اور یوں

میرے بچوں کا مستقبل تباہ ہو جائے گا۔"

لیکن ایسی کوئی آواز شاہد گجانند کے نصیب میں نہیں لکھی تھی ——— ایسوسی ایشن کے معزز عہدیدار وقتاً فوقتاً میرے یہاں وزٹ کرتے رہے اور مجھے بتاتے رہے کہ گجانند سے کون کون سی بدمعاشیوں کے امکانات روشن ہیں اور ان امکانات کا سدِّباب کرنے کے لئے تھانے کب جانا چاہیئے؟ گالیاں کب دینی چاہئیں؟ پالتو کتا کب چھوڑنا چاہیئے؟ اور غنڈے بُلا کرانہیں شراب کب اور کیوں پلانی چاہیئے بلکہ ایک معزز عہدیدار کو تو اس بات پر بہت حیرت ہوئی کہ کرایہ دار کی وجہ سے ابھی تک آپ کی آتما کی شانتی میں خلل نہیں پڑا۔

میں نے اعتراف کیا کہ میری آتما میں کوئی نقص ہے۔

ایک دن ایسوسی ایشن کے پریذیڈنٹ جن کی شکل بھونڈی اور لباس حسین تھا، تشریف لائے اور جیسے مجھ سے رازدارانہ لہجے میں ہمدردی کرنے لگے ——— "فکر صاحب! ایسوسی ایشن کے معززین میں آپ کی قدر و منزلت کچھ کم ہو رہی ہے بلکہ کئی ایک تو (معاف کیجئے) آپ کی نیت پر بھی شک کرنے لگے ہیں کہ آپ کی وجہ سے آپ کے کرایہ دار کے حوصلے بلند ہو گئے ہیں جن کا اثر ان کے اپنے کرایہ داروں پر پڑ رہا ہے۔

میں نے عرض کیا "مگر پریذیڈنٹ صاحب! اسے میری ٹریجڈی سمجھئے کہ گجانند شریف اور مہذب انسان ہے۔"

وہ بولے "یہ کبھی ہو ہی نہیں سکتا۔ کرایہ دار مہذب ہوتے ہی نہیں!"

"مگر وہ کوئی غیر مہذبانہ حرکت نہیں کرتا۔"

"کیسے نہیں کرتا؟ اچھا بتلائیے، غسل خانے میں جا کر گنگناتا ہے

کہ نہیں ؟"

"اوں ہوں"

"بڑا ڈل کرایہ دار ہے۔ آپ کرایہ دار بدل دیجیے!"

"ورنہ ؟"

"ورنہ معزّزین آپ کا سوشل بائیکاٹ کرنے کے متعلّق سوچ رہے ہیں"۔

یہ صریحاً دھمکی تھی مگر خاندانی ورثے کے باعث میں اس دھمکی کو چیلنج دینے کے اہل نہیں رہا تھا۔ اس لئے سوچ سوچ کر میں نے گجانند کے خلاف ڈائریکٹ ایکشن کا فیصلہ کر لیا اور بازار سے گالیوں کی ایک کتاب لے آیا اور ساری رات اس کی سٹڈی کرتا رہا۔

اور دوسری صبح کو اپنے نتھنے (وغیرہ) پھُلا کر گجانند کے پاس پہنچ گیا اور کہا۔

"تم انسان نہیں ہو، اُلّو ہو!"

وہ حیران ہوا، جس سے مجھے خوشی ہوئی۔

"اور میں اُس اُلّو سے پوچھتا ہوں۔ یہ کھڑکی کا شیشہ کس اُلّو کے پٹھے نے توڑا ؟"

"آپ کے چھوٹے صاحب زادے نے سہواً ایک ڈھیلہ عرض کر دیا"

"تو نالائق! تم نے اس کے باپ کو فحش گالیاں کیوں نہیں دیں ؟"

"اجی! میں نے سوچا۔ بچّے سب کے برابر ہوتے ہیں اگر میرا بچّہ ڈھیلہ مار دیتا تو ...... ؟"

مجھے بہت طیش آیا گویا اب یہ بچّوں کی ولدیت کو کنفیوز کر رہا ہے۔ بچّے سب کے بچّے ہوتے ہیں۔ سبھی انسان بھائی بھائی ہوتے ہیں ہُنہ! نان سینس!

یہ کیسی دُنیا ہے؟ کیسی اس کی فلاسفی ہے؟ میں ٹوٹے ہوئے شیشے اور فلاسفی کی دُرگت پر بڑبڑاتا ہوا لوٹ آیا۔ گالیوں کی کتاب آدھے دام پر فروخت کر دی۔ مجھے گجانند معزز نہیں بننے دیتا۔ میرے الزامات کو احمقوں کی بڑ سمجھتا ہے۔ ہُنہ! پھُوں!

میں دو تین دنوں تک مشاہدہ کرتا رہا کہ شاید وہ راہِ راست پر آ جائے۔ تیسرے دن وہ اُلٹا مجھے راہِ راست پر لے آیا اور مکینک کو بلا کر اپنے پیسوں سے نیا شیشہ فِٹ کروا دیا۔ تاکہ میرے تلوؤں کو آگ لگ جائے۔ جی چاہا اپنے چھوٹے صاحب زادے کو سَو روپیہ رشوت دے کر کہوں کہ اس نئے شیشے کو بھی ڈھیلہ مار کر چکنا چور کر دو۔ لیکن وہ ناخلف نکلا۔ کہنے لگا۔ "گجانند مجھے انگریزی کے سبق اتنی خوبصورتی اور پیار سے پڑھاتا ہے کہ میں ناخلف بننا زیادہ پسند کروں گا۔"

گویا یہ ایک سازش تھی۔ وہ میرے بچّے اور بچّے کے باپ میں پھُوٹ کا بیج ڈال رہا تھا۔ ایسے آدمی کو کرایہ دار رکھنا اپنے پاؤں بلکہ اپنے خاندان کے پاؤں پر کلہاڑی مارنا تھا! سوچ سوچ کر میں نے اس سازش کا توڑ تلاش کر لیا۔ دل ہی دل میں اس کی گردن پکڑ لی اور زبان ہی زبان سے کہا "اگلے ہفتے میرے بڑے لڑکے کی شادی ہے اس لئے میرا کمرہ خالی کر دو۔"

حالانکہ میرے بڑے لڑکے کو اس کے سائز کی ہر لڑکی مسترد کر چکی تھی۔ اور وہ تنگ آ کر سماج کی نِشکام سیوا کا پروگرام بنا رہا تھا۔ لیکن شادی کی خبر سنتے ہی گجانند نے کہا "میں عزیزی رویندر کی شادی کی خوشی میں ہر طرح کی قربانی دینے کے لئے تیار ہوں!"

عجیب ہونق انسان ہے۔ اُسے مکان خالی کرنے کا غم نہ تھا بلکہ میرے

بیٹے کے بیاہ کی خوشی تھی۔ یعنی اب میں اس کا سامان بھی زبردستی نکال کر نہیں پھینک سکتا تھا۔ غصے میں آکر میں شام کو بالکونی پر کھڑا ہو گیا اور ساری دنیا اور اس دنیا کو بنانے والے خدا تک کو سنانے کے لئے بلند آواز میں کہنے لگا۔

"سنیئے حضرات! یہ کیا بدمعاشی ہے، میرا کرایہ دار مجھے زخمی کرنے کے لئے کل رات غنڈے لے آیا۔ انھیں شرابیں پلائیں۔ لیکن میں اس غنڈہ گردی سے نہیں ڈرتا۔ میں اس کی ہڈیاں چبا جاؤں گا! کیونکہ سپرنٹنڈنٹ پولیس میری سالی کا بہنوئی ہے اور ڈپٹی کمشنر مجھ سے طالب علمی میں ریاضی کے سوال حل کرواتا رہا ہے۔ ہُنھ! میں اپنے لڑکے کی شادی پر اس سے کمرہ خالی کروا کے رہوں گا!"

یہ سُن کر آسمان سے پھولوں کی بارش نہیں ہوئی۔ البتہ ایسوسی ایشن کے پریذیڈنٹ نے میرے اعزاز میں کاک ٹیل پارٹی کا اعلان کر دیا اور یہ اعلان اس وقت دو آتشہ ہو گیا۔ جب میری جرأت رندانہ دیکھ کر محلّے کے چند مشٹنڈے کرایہ دار میری بالکونی پر چڑھ آئے اور گرجنے لگے ——— "کون مائی کا لال ہے! جو گنجانند سے کمرہ خالی کروالے! آپ کسی بھی کرایہ قانون کے تحت یہ غنڈہ گردی نہیں کر سکتے! ہم ڈپٹی کمشنر کے سبھی ریاضی کے سوالوں کو غلط قرار دے دیں گے جو ہم سے ٹکرائے گا، پاش پاش ہو جائے گا!"

مجھے ان مشٹنڈوں کی جرأت پر خوشی ہوئی۔ گویا اب تنازعہ بڑھے گا۔ اور دو آتشہ لطف آئے گا۔ لیکن گنجانند نے میرے کئے کرائے پر پانی پھیر دیا۔ اور اپنا سامان پیک کرنے لگا۔ یہ میری واضح شکست تھی۔ میں بھاگا بھاگا اس کے پاس آیا اور اس کا کندھا زور زور سے جھنجھوڑ کر بولا "ابے اُلّو کے تخم! مت جاؤ، اس کمرے کا کرایہ دُگنا کر دو اور جھک مار کر رہتے رہو!"

وہ چپ رہا۔ منحوس کے دل میں میرا احترام زیادہ تھا۔
میں نے اس کے بال وحشیانہ انداز میں کھینچے "ابے شیطان کی اولاد! مجھے انگوٹھا دکھا دو اور کہو کہ میں ایک چھدام نہ بڑھاؤں گا!"
وہ اسی طرح سامان باندھنے میں مصروف رہا۔
اب میرے ضبط کا پیمانہ لبریز ہو گیا اور پیمانے سے اچانک ایک قطرہ نکلا!
"گجانند! میں نے جھوٹ کہا تھا کہ تم نے غنڈے منگوائے تھے"
"آپ جھوٹ بول ہی نہیں سکتے!"
"یہ جھوٹ ہے کہ میرے لڑکے کی شادی ہو رہی ہے۔"
"آپ جھوٹ بول ہی نہیں سکتے"!
"میں نے ڈگنا کرایہ مانگ کر تم سے جھوٹ بولا"
"آپ جھوٹ بول ہی نہیں سکتے!"
اور دوسرے لمحے وہ میرے ہر جھوٹ کو پاؤں سے ٹھکرا کر چلا گیا اور میں بے قرار ہو کر سیدھا اس کمرے میں داخل ہوا اور اپنی خاندانی دستاویزات پھاڑ کر کھڑکی سے باہر پھینک دیں!!

بیوی کے ہجر میں

اچانک میری بیوی نے اعلان کیا کہ وہ ایک ہفتے کے لئے میکے جارہی ہے۔ حالانکہ وہ اس سے پہلے کئی بار کہہ چکی تھی کہ اب میں سسرال کو میکہ بھی سمجھتی ہوں اور ادھر میں کئی برس سے اصرار کر رہا تھا کہ میں تمہارے ہجر کی لذت اٹھانا چاہتا ہوں۔ اِس لئے تم کہیں دفع ہو جاؤ ...... لیکن وہ کہتی تھی کہ ہجر صرف ایک شاعرانہ تکلّف ہے۔ اس سے میرا گھر اجڑ جائے گا۔ اگر میری غیر حاضری میں کچن کا ایک چمچہ بھی گم ہو گیا جو یقیناً گم ہو جائے گا۔ تو تاریخ میں میرا نام سیاہ حرفوں میں لکھا جائے گا۔

گویا وہ ہجر کو ایک چمچے سے زیادہ وقعت نہیں دیتی تھی۔

سالہا سال کے تلخ تجربے کے بعد میں مایوس ہو گیا کہ میری بیوی سے کوئی عقل مندی سرزد نہیں ہو سکتی۔ خداوند کریم سے بھی جتنی رقت انگیز دعائیں کیں، سبھی رائگاں گئیں۔ دراصل میری پرابلم قدرے آرٹسٹک تھی کہ رُوح کا

ذائقہ بدلنے کے لئے ماحول میں کبھی کوئی تبدیلی ضرور آنی چاہیئے۔ بیوی کا ہجر بھی ایک طرح کی تبدیلی تھی۔ سُنا ہے، اس کا ذائقہ بہت لذیذ ہوتا ہے۔ یہ صحیح ہے کہ وہ میری پہلی اور آخری بیوی تھی بلکہ اس کا حوصلہ بلند کرنے کے لئے میں اسے اکلوتی بیوی بھی کہہ دیا کرتا تھا۔ لیکن یہ بات بھی نامناسب تھی کہ جب بھی شام کو گھر لَوٹتا تو گھر میں وہی پُرانی، جانی پہچانی بیوی ملتی تھی۔ صرف بیوی ہی نہیں۔ کچن میں کیتلی بھی وہی ملتی تھی۔ جسے وہ جہیز میں لائی تھی۔ ایک دن بور ہو کر میں نے بیوی کا بدلہ کیتلی سے لینا چاہا اور کہا ”اب اسے ریٹائر کر دو، بوڑھی ہو گئی ہے!“

وہ بولی ”نہیں، میں اسے جیتے جی الگ نہ کروں گی۔ کیونکہ اسے دیکھ کر ہی مجھے ماں کی شیرینی یاد آجاتی ہے“

میں نے یہ سوچ کر اپنے دل کو پرچا لیا کہ وہ یا تو کیتلی سے محبت کرتی ہے یا ماں سے۔ مجھ سے محبت نہیں کرتی۔ مجھے تو صرف گھر کی نیم پلیٹ سمجھتی ہے۔ مجھے یاد ہے ایک بار اس نے یہ ثابت کرنا چاہا کہ یہ گھر نیم پلیٹ کے بغیر بھی مکمل ہے۔ اس دن میں بازار سے ایک سکینڈ ہینڈ سوئیٹر خرید کر لایا۔ اُسے دیکھتے ہی محترمہ کا پارہ گرم ہو گیا کہ میرے مشورے کے بغیر بلکہ میری منظوری کے بغیر یہ سوئیٹر کیوں لے آئے؟ بولیں ”میں پوچھتی ہوں، کیا یہ سوئیٹر ہے؟ کتنا گھٹیا اور کتنا مہنگا؟“

میں نے چڑ کر کہا ”ہاں ہاں، میں جو لایا ہوں“

بولیں ”تو کیا آپ اس گھر میں کبھی کوئی بھی کام کی چیز لائے ہیں؟“

میں نے کہا ”تمہیں لایا تھا۔ اپنے بارے میں کیا خیال ہے؟“

اگر وہ وسیع القلب ہوتی تو اس پنچ پر مسکرا دیتی لیکن الٹا منہ کھسوانٹی۔

لے کر پلنگ پر جا لیٹی اور کہنے لگی ۔"یہ میرے والد صاحب کی غلطی تھی ۔ میرا کوئی قصور نہیں ہے"!

نہ جانے کیوں اسے یقین ہو گیا تھا کہ یہ گھر ایک بیاباں ہے، جس میں وہ ایک پھول کی طرح کھلی ہوئی ہے ــــــــــــ اگر یہ پھول ایک دن کے لئے بھی آؤٹ آف اسٹیشن ہو گیا تو یہ گھر پھر بیاباں ہو جائے گا۔ لیکن میرا خیال تھا کہ ہر روز پھول کی خوشبو اور رنگ سے بھی انسان بور ہو جاتا ہے۔ اس لئے کسی دن گھر کی بیابانی سے بھی لطف اٹھایا جائے۔ بلکہ ہجر کا فائدہ اٹھا کر ایک غزل بھی لکھ لی جائے۔ لیکن آہ! میں یہ دیکھ کر قریب قریب مایوس ہو گیا کہ غزلوں کا مستقبل بے حد تاریک ہے۔

لیکن اس دن یہ اعلان سُن کر مجھے حیرت ہوئی اور مسرت بھی کہ وہ ایک ہفتے کے لئے میکے جا رہی ہے یعنی میرے سارے اندازے غلط نکلے۔ سوچا، میری بیوی اتنی بُری نہیں ــ ع

ذرا نم ہو تو یہ مٹی بہت زرخیز ہے ساقی

۔اور کہ اس مٹی سے تو غزلوں کے کئی دیوان اُگ سکتے ہیں!

ہجر کے سفر پر روانہ ہونے سے پہلے اس نے ایک گتے پر ہدایت نامہ خاوند لکھ کر لٹکا دیا اور کہا کہ ہر روز صبح اٹھ کر اس کا پاٹھ کیا کرو۔ مثلاً ان میں سے ایک دو ہدایتیں یہ تھیں ــــــــــ ہر روز چوہے دان میں پیاز کا ایک ٹکڑا لٹکا دیا کرو۔ ایک پیاز سے کم از کم تین چوہوں کا شکار لازمی ہے پیاز کے اس سٹینڈرڈ کو قائم رکھا جائے اور میری واپسی پر اعداد و شمار کے ساتھ رپورٹ پیش کی جائے۔ پڑوسن مٹی تیل کا ایک لیٹر ادھار لے گئی ہے۔ اُسے مزید تیل سپلائی نہ کیا جائے۔ ہمارے گھر میں اس کی چینی کی ایک

پلیٹ موجود ہے۔ لیکن میری عدم موجودگی میں اس کے ساتھ کوئی لین دین نہ کیا جائے ——— اور تیسری اور بڑی سیریس ہدایت یہ تھی کہ اوّل تو اپنے کسی دوست کو گھر میں مدعو نہ کیا جائے اور اگر کوئی اپنی بیوی سے نالاں ہو کر ہمارے گھر میں پناہ لینے کے لئے آ بھی جائے تو اسے ڈرائنگ روم میں بیٹھ کر سگریٹ پینے سے منع کر دیا جائے کیونکہ وہ سگریٹ کی راکھ سے قالین کا بیڑا غرق کر دے گا اور اپنے ملازم کے کان میں چپکے سے کہہ گئی کہ ایسے ہر دوست کا نام، حلیہ اور ایڈریس نوٹ کر لیا کرو۔ میں ان سے قالین کا کلیم وصول کروں گی۔ ریل چھوٹنے سے تین سیکنڈ پہلے دھمکی دے گئیں کہ اگر کوئی ہدایت مجھے میکے میں یاد آ گئی تو ٹیلیگرام کے ذریعے بھیج دوں گی۔

بیوی کے جانے کے بعد مجھے ایسا محسوس ہوا ویرانی بے حد رومانٹک ہوتی ہے۔ امن کے فرشتوں نے میری چھت پر پنکھ پھیلا دیئے اور کہا "مبارک ہو!" غسل خانے میں گھسا تو بے اختیار جی چاہا۔ زور زور سے گانا شروع کر دوں محلے سے گزرا تو ہر عورت حسین اور دلکش نظر آئی۔ گھر کی بلی نے آکر مودبانہ سلام کیا اور اس لہجے میں میاؤں کی جیسے کہہ رہی ہو —"مالک! دودھ کہاں رکھا ہے؟ ناچیز کو بھوک لگی ہے۔ اجازت دیجئے تاکہ پی لوں۔ میں جانتی ہوں کہ دیسا چلانا آپ کے شان کے شایاں نہیں" دھوبی نے آکر گھنٹی بجائی اور جب میں نے اسے بتایا کہ بی بی جی میکے گئی ہیں تو وہ گستاخ بولا —"پھر آپ سے تو کوئی کام کی بات کرنا فضول ہے" میں نے کہا "کوئی حساب کتاب کی بات ہو تو میں نمٹا سکتا ہوں" لیکن وہ بولا —"آپ کی سمجھ میں نہ آئے گی۔"

دھوبی کے اس نقطۂ نگاہ سے مجھے مشتعل ہو جانا چاہیئے تھا۔ لیکن میں نے اس کی گستاخی کو فراخدلی سے نظر انداز کر دیا۔ کیونکہ میں سامراج۔

تازہ تازہ آزاد ہوا تھا اور آزاد انسان بہت فراخدل ہوتا ہے۔ میں آزادی کی فضا میں کھل کر سانس لینا چاہتا تھا۔ کسی سے تنازعہ کرکے اپنے موڈ کو مکدر نہیں کرنا چاہتا تھا۔ میں نے نوکر سے کہہ دیا اب میرا لنچ اور ڈنر باہر ہی رہیگا۔ لیکن اس کے باوجود تمہاری تنخواہ میں کٹوتی نہ ہوگی کیونکہ میں بی بی جی کی طرح مہاجنی ذہنیت نہیں رکھتا۔ کئی برس بعد پہلی بار ہوٹل کے کھانے میں وہی لطف آیا جو کنوار پنے میں کسی حسینہ کو کندھا مارنے سے آتا ہے۔ آہ! میں کنوارپنے سے کتنا محروم ہو گیا تھا! احباب کو بے تکلف دعوت دی کہ آؤ تاش کھیلو، چوسر کھیلو، سگرٹیں پھونکو۔ بستروں پر سلوٹیں ڈالو، بلکہ ایک آدھ پلنگ کا پایہ بھی توڑ سکتے ہو! چائے کے کپ پر کپ لنڈھاؤ، کسی رول اینڈ ریگولیشنز کے بغیر بے محابا، لنکام سروس کی جائے گی۔ رات کو بہت لیٹ آنے میں ایک سرور آنے لگا۔ چیونٹیوں نے گھر کے دانے دُنکے پر مسلسل حملے شروع کر دیئے۔ لیکن انہیں ڈسٹرب نہیں کیا گیا۔ چڑیاں میرے گھر کو اپنا آبائی دیش سمجھ کر گھونسلے پر گھونسلے بنانے لگیں اور سارے کمروں میں خس و خاشاک بکھیر دیئے۔ لیکن میں نے ان کے ذاتی معاملات میں مداخلت کرنا ضروری نہ سمجھا۔ یہاں تک کہ ایک چڑیا بار بار چڑے بدل بدل کر لاتی رہی۔ لیکن پھر وہی ذاتی معاملہ ــــ چوہے تک میری فراخدلی سے شیر ہو گئے۔ وہ چوہے دان کو اپنے دانت دکھا کر یوں چلے جاتے جیسے کہہ رہے ہوں "سیاں بھئے کوتوال، اب ڈر کاہے کا!" البتہ ایک فرق ضرور پڑا کہ بیوی کے چلے جانے کی خبر سن کر کوؤں نے آنا بند کر دیا۔ کیونکہ ان کا راشن ڈپو ہی اٹھ گیا تھا۔

تین چار دن اس آزادی بلکہ آزادہ روی میں ہنسی خوشی، پلک جھپکتے گزر گئے تو پانچویں دن اچانک خیال آیا کہ ہجر کی لذت تو اٹھائی نہیں۔ ہجر

اللوں تللوں میں ہی گزر گیا اور محترمہ پرسوں لوٹ بھی آئیں گی اور آتے ہی پوچھینگی ـــــــ" کہاں لکھی ہے وہ غزل ؟ اور لکھی بھی ہے یا ایک قیمتی ہفتہ ضائع کر دیا ؟" لیکن شادی کے بعد میں نے شاعری کو جلا وطن کر دیا تھا۔ اس لئے بیوی کے نام ایک ہجریہ خط لکھنا ہی مناسب سمجھا اور خط لکھنے بیٹھ گیا:

اے جانِ بہار و خزاں !

جب سے تم گئی ہو، کوّوں نے تمہارے فراق میں کائیں کرنا چھوڑ دیا ہے۔ بادل صرف گرج گرج کر رہ جاتے ہیں، برستے نہیں ۔ نہ جانے ام نہیں کیا غم ہے۔ چاندنی چھٹکتی ہے تو دھاڑیں مارنے کو جی چاہتا ہے۔ کل تان پورے کے تاروں کو چھیڑا تو وہ جیسے گڑ گڑا کر کہنے لگے "لوٹ کے آ، لوٹ کے آجا میرے میت!" اور پیاری! سب سے بڑا ظلم تو یہ ہوا ہے کہ بینگن مہنگے ہو گئے، راشن ڈپو پر گھٹیا آٹا ملنے لگا۔ غرض تمہارے بغیر کوئی چیز اپنے ٹھکانے پر نہیں رہی۔ یہاں تک کہ کل الماری میں تمہارا گہنوں کا ڈبّہ دیکھا وہ بھی غائب تھا! چور لے گئے یا تم اپنے ساتھ لے گئیں ۔ جب تک تم لوٹ کر نہیں آتیں، میں تھانے میں گہنوں کی رپٹ بھی نہیں لکھا سکتا، اس لئے آجاؤ۔ آجاؤ، میری خاطر نہ سہی، گہنوں کے ڈبے کی خاطر ہی آجاؤ !"

یہ ہجریہ خط لکھ کر لفافے میں بند کیا اور بیوی کا ایڈریس لکھا ہی تھا کہ دھڑاک سے دروازہ کھلا اور بیوی اندر داخل ہوئی۔ بولی "کیا لکھ رہے ہو ؟" میں نے کہا۔ کچھ نہیں، ایک بے معنی سا خط ہے ۔لیکن تم اتنی جلدی کیوں واپس آگئیں ؟ بولی۔ کل رات میں نے سپنا دیکھا کہ آپ کو مچھر کاٹ رہے ہیں۔ اپنے سر پر دو ہتڑ مار کر کہا "ہائے! میں بھی کتنی نالائق بیوی ہوں مچھردانی تو سٹور میں بند کر کے رکھ آئی ہوں۔ لہذا سوچا، چلو، انہیں مچھردانی

تو نکال کر دے آؤں !"

ہجر کا اینٹی کلائمکس ــــــــــ

ہجور بیوی کے اس غیر ضروری وصال پر سارا پانسہ ہی پلٹ گیا اور محترمہ نے ایک ہی دن میں اپنا اقتدار بحال کر دیا۔ ہجر کی ساری سرگرمیاں پس منظر میں چلی گئیں اور میں "سکندر جب گیا دنیا سے دونوں ہاتھ خالی تھے" بن کر رہ گیا کہ اچانک دوسری صبح کو پوسٹ مین عرف نامہ بر نے مجھے ایک لو لیٹر لا کر دیا۔ یہ خط بیوی نے میکے سے شام کو پوسٹ کیا تھا اور اسی رات کو مجھے ڈرانی کا خواب دیکھ کر صبح گاڑی پر سوار ہو کر گھر لوٹ آئی تھیں یعنی جنونِ محبت میں کیفیت کچھ ایسی ہو گئی کہ خط بعد میں پہنچا، محبوبہ پہلے پہنچ گئی! میرے منہ سے بے اختیار (بیوی کی حمایت میں) غالب کا یہ شعر نکل گیا ؎

خدا کے واسطے داد اس جنونِ شوق کی دینا
کہ اس کے در پہ پہنچتے ہیں نامہ بر سے ہم آگے

یہ خط نہیں تھا، ہجر کا اینٹی کلائمکس تھا۔

اور اس میں لکھا تھا: ــــــ

"بڑے پپو، چھوٹے پپو، منّی نمبر ایک اور منّی نمبر دو کے ابا جی!

میں یہاں بچوں سمیت خوش ہوں۔ امید ہے کہ آپ بغیر بچوں کے خوش ہونگے۔ بچے ہر روز آپ کو یاد کرتے ہیں۔ بچے ہیں نا؟ سمجھ بوجھ نہیں ہے۔ انہیں لاکھ سمجھاتی ہوں کہ اگر تمہارے ابا کو تمہاری یاد ستائے گی تو بھاگے آئیں گے، لیکن وہ پہلے ہی میری کوئی بات نہیں مانتے تھے، اب کیا مانیں گے۔ دراصل آپ ہی نے بچوں کو بگاڑ دیا ہے۔ جب میں انھیں لے کر گھر لوٹوں گی تو ان ضدی بچوں کی

پٹائی ضرور کیجیے گا، تاکہ انہیں سبق آجائے۔

باقی یہاں پر خیریت ہے۔ آپ کی خیریت کی چنتا رہتی ہے کہ نہ جانے آپ نے میرے بغیر گھر کا کیا حال بنا رکھا ہوگا۔ پانی کا نل کبھی کھلا مت چھوڑ دیجئے گا۔ بستر پر سگریٹ کی راکھ جھاڑنے سے پرہیز کیجئے گا۔ میں پلنگ کے ساتھ والی تپائی پر ایش ٹرے رکھ آئی تھی۔ کپڑے میلے ہو جائیں تو انہیں فرش پر اور کونوں کھدروں میں مت پھینک دیجئے گا کیونکہ اس طرح چوہوں کو کپڑے کترنے کا گولڈن چانس مل جاتا ہے۔ مجھے رہ رہ کر شک ہوتا ہے کہ وہ لمبی ناک والی پڑوسن میری عدم موجودگی سے شہ پا کر اپنے چوہے ہمارے گھر کی طرف ہانک دے گی۔ آپ کو اپنے گھر کے اور پڑوسن کے چوہوں کی پہچان رکھنی چاہیئے۔

اور اپنی بانوں کے خدشہ سے میکے میں میرا جی نہیں لگتا۔ ہر لمحہ جی چاہتا ہے پر لگا کر اُڑ جاؤں اور آپ کے پاس پہنچ جاؤں۔ یہاں نیپال سے سمگلنگ کی ساڑیاں آئی ہوئی ہیں۔ سستی بھی ہیں اور خوبصورت بھی۔ میں نے ایک ساڑی خریدلی ہے۔ اجازت نامہ بھیج دیجئے۔ اور ہاں! آپ کے لئے سمگلنگ کا ایک اُونی سوٹ خرید لیا ہے۔ شادی کی سالگرہ پر آپ کو پیش کروں گی لیکن سلوائی گی جھینجھ اینڈ کمپنی سے ——— آپ کے پرانے ٹیلر ماسٹر کھڑ بچہ اینڈ کمپنی سے نہیں۔ وہ تو لٹیرے ہیں!

اور کیا لکھوں؟ آپ گھر کے حالات لکھیں تو میں بھی ان کی روشنی میں آپ کو کچھ مزید لکھ سکوں۔ چھوٹی منی کے ننھے منے انگوٹھے کا عکس اِس خط پر بھیج رہی ہوں اسے چوم لینا۔ میں نے چوم لیا ہے فکر نہ کریں!

آپ کی:———

"بڑے پپو، چھوٹے پپو، منی نمبر ایک اور منی نمبر دو کی ماں———"

(دستخط اصلی ہیں)

خُدا کی جنّت

اور پھر یُوں ہوا کہ میں جنّت کے دروازے پر پہنچ گیا۔

نہ جانے وہ کون تھا (ضرور کوئی فرشتہ ہی ہوگا) جس نے مجھے چھنگلی پر اُٹھالیا اور جیسے ہزاروں میل کا سفر ایک ثانیے میں طے کر کے مجھے یہاں چھوڑ گیا۔ وہ اتنی جلدی میں تھا کہ میں اس کا شکریہ بھی ادا نہیں کر سکا۔

دروازے کے باہر خاکی وردی پہنے، ایک مریل سا فرشتہ اسٹول پر بیٹھا سات نمبر کی بیڑی پی رہا تھا۔ میں نے اپنا شبہ دُور کرنے کے لئے اُس سے پُوچھا —— "جناب عالی! جہاں میں کھڑا ہوں۔ کیا یہ جنّت کا دروازہ ہے؟"

چپراسی فرشتے نے میری طرف دو دُونی چار قسم کی نگاہ سے دیکھا جیسے کہنا چاہتا ہو، اگر میں بتا دوں تو تم اس اطلاع کے کتنے پیسے دو گے؟ ——

لیکن میری پھٹیچر حالت دیکھ کر وہ شاید مایوس ہو گیا اور جیسے وہ کوئی ذمے داری

لینے کو تیار نہ ہو، کہنے لگا ۔ "کون ہو تم؟"

"فکر تونسوی ہوں، کیا تم مجھے نہیں جانتے، ادبی رسائل نہیں پڑھا کرتے؟"

ادبی رسائل اور فکر تونسوی شاید اس کے لئے ناقابل فہم چیزیں تھیں۔ ہاتھ کے ایک جھٹکے سے جیسے اس نے "شٹ اپ" کہا اور بولا "ادب شدب کو چھوڑو، کام کیا کرتے ہو؟"

"پہلے شاعری کرتا تھا، اب ...."

اسے جیسے کلیو (CLEWE) ہاتھ آگیا، جھٹ میری بات کاٹتے ہوئے بولا "شاعر ہو؟ تو پھر یہاں کیوں آگئے، یہاں سے بال برابر فاصلے پر جہنم ہے۔ سبھی شاعر وہاں جاتے ہیں۔"

میں نے وضاحت کرنا ضروری سمجھا "قبلہ! مگر میں شاعری چھوڑ چکا ہوں اس لئے جنت ...."

اسے میرے ترک شاعری نے کچھ خاص متاثر نہیں کیا۔ بولا۔ تمہارا کیس کچھ مشکوک ہے۔ ترک شاعری کے علاوہ کوئی اور کوالٹی؟"

"ایک تشنہ لب بھکاری کو اپنا آخری سگریٹ دے دیا تھا۔ حالانکہ میں اسے خود پینا چاہتا تھا۔"

اس نے ایک اور بیڑی نکال کر سلگائی (مجھے آفر نہیں کی) اور اس سے پہلے کہ کوئی اور احمقانہ سوال کرتا کھٹاک سے جنت کے پٹ کھلے اور اندر سے جیسے بزاروں دلکش فرشتے ایک دم پکار اُٹھے۔ ع

اب آ بھی جا کہ تیرا انتظار کب سے ہے

اور دوسرے لمحے میں جنت کے اندر تھا۔

حیرت ہوئی کہ خدا کیسی چھوٹی چھوٹی باتوں پر جنت عطا کر دیتا ہے۔ بھکاری کو سگریٹ دے دو، ننگے کو لنگوٹ پہنا دو، اندھے کو سڑک پار کرا دو۔۔۔ تو پھر لوگ جنت کے حصول کے لئے بڑے بڑے مندر، سرائیں اور دھرم شالے کیوں بناتے ہیں؟ شاید خدا کو دھوکا دیتے ہیں، شاید خدا سے دھوکا کھاتے ہیں ——

جنت میں قدم رکھتے ہی مجھے پہلا خیال یہ آیا کہ یہاں میری دادی اماں ضرور موجود ہوں گی کیوں کہ جب اس کا جنازہ اٹھا تھا تو سارے محلے نے دعا مانگی تھی کہ اے خدا! مرحومہ کو جنت میں جگہ دینا —— اور کہتے ہیں، خدا رائے عامہ کا بہت احترام کرتا ہے!

میرے دائیں پہلو میں دودھ کی ایک نہر بہہ رہی تھی اور ایک شخص جس کی مونچھیں کسی شہوت انگیز بلے کی سی تھیں، اس نہر میں پانی کے گڑوے ڈال رہا تھا۔ میں اس کے قریب چلا گیا اور پوچھا: "بھائی صاحب! کیا آپ نے اس جنت میں میری دادی پربھا دیوی کو دیکھا ہے؟"

اور جیسے نو وارد سے سبھی مذاق کرنے کے شوقین ہوتے ہیں۔ بولا: "کونسی پربھا دیوی؟ یہاں تو ہر تیسری عورت کا نام پربھا دیوی ہے!"

میں نے دادی کا حلیہ بیان کیا اور کہا: "مرحومہ کے پاس دنیا میں ایک گائے تھی، جس کا دودھ بیچ کر وہ گذر بسر کرتی تھی۔"

"کیا دودھ میں پانی بھی ملاتی تھی؟"

"اوں ہوں! وہ ایمان اور عزت سے روزی کماتی تھی!

شخص مذکور نے ایک استہزائیہ قہقہہ لگایا ــ "ایمان اور عزت ؟ قہ قہ قہ، تو پھر جنت میں اس کا کیا کام ؟ بال برابر فاصلے پر جہنم ہے، وہاں جا کر معلوم کرو۔"

اور یہ کہہ کر اس جنت مکانی نے دوبارہ ہانک لگائی ــ "دودھ لے لو، دودھ، گائے کا خالص دودھ۔ جنت میں ٹیسٹ کیا ہوا۔"

کتنا بڑا جھوٹ بول رہا ہے یہ شخص ــ ملاوٹی دودھ کو بھی خالص کہے جا رہا ہے ۔اس نے میری دادی کے متعلق بھی جھوٹ بولا ہوگا ۔ وہ ضرور جنت میں ہوگی ـــــــــ میں نے اس کی ہانک سے بچنے کے لئے کانوں میں انگلیاں دے ڈالیں اور تیزی سے آگے چل دیا۔

جنت کا ماحول انتہائی دلفریب اور حسین تھا ۔ ساری جنت ایرکنڈیشنڈ ہو رہی تھی ۔ دودھ اور شہد کی نہریں تو یوں عام تھیں جیسے کسی امیرزادے کی الماری میں رنگا رنگ کی نکٹائیاں لٹک رہی ہوں ۔ چاروں طرف نرم اور سرخ پھول کھلے ہوئے تھے جیسے کنواری کنواری حسینائیں، پتوں میں سے پھوٹ پھوٹ کر باہر آگئی ہوں ۔ پیڑوں پر طرح طرح کے پھل، دیہاتی دوشیزاؤں کی طرح جیسے جھولا جھول رہے تھے اور نیلگوں اور سنہری پہاڑیوں کے عقب سے ایک مسحورکن، سرمدی نغمہ، برابر ابھر ابھر کر آرہا تھا۔

ماحول کے اس طلسم میں جیسے میں گھلتا جا رہا تھا ۔ اگر یہ خواب نہیں تھا تو جنت تھی اور اگر جنت نہیں تھی تو خواب تھا ۔ بہر کیف دونوں میں سے جو بھی کیفیت تھی، دلآویز اور تخیلی تھی ۔ میں نے اپنے آپ سے کہا ــ بیٹا فکر تونسوی ! بڑے خوش نصیب ہو ۔ دنیا میں تم ایک سگرٹ خریدتے ہوئے گھبراتے

تھے کہ تمہارے افلاس اور سنگرتے میں صدیوں کا فاصلہ تھا۔ لیکن یہاں صرف بھکاری کو ایک سگریٹ دینے کے بدلے میں تمہیں پھلوں کے باغ مل گئے۔ جنت میں افلاس کی نہیں، کردار کی عزت ہوتی ہے۔

لیکن جنت میں گھومتے گھومتے مجھے ایک اچنبھا ہوا کہ یہاں کی آبادی بہت قلیل تھی۔ کہیں کہیں کوئی اکا دُکا آدمی نظر آجاتا۔ نعمتیں زیادہ تھیں۔ انسان کم تھے۔ دنیا اور جنت میں یہ فرق تھا کہ وہاں نعمتوں کی اور یہاں انسانوں کی فیملی پلاننگ ہو چکی تھی ——— یہ صحیح ہے کہ جنت میں صرف خوش نصیب آتے ہیں اور خوش نصیبوں کی تعداد ہمیشہ کم ہوتی ہے لیکن میں نے سوچا اگر یہاں چند بدنصیبوں کو بھی بلا لیا جاتا تو ذرا اور رونق رہتی۔ ورنہ سنسان جنت میں کوئی کب تک رہ سکتا ہے؟

گھومتے گھومتے ایک شجر سایہ دار کے قریب رُک گیا۔ جس کے نیچے ایک حسین و جمیل سڈول بدن کی ننگی عورت کھڑی تھی اور ایک بھونڈا سا آدمی اس حسین بدن کو اپنی زبان سے چاٹ رہا تھا۔ میں نے اس سے پوچھا۔

"بھائی صاحب! کیا ...."

بھائی صاحب نے جیسے سہم کر کہا۔ "یہ حور میری ہے، تمہاری نہیں ہے"

"مگر تم اسے چاٹ کیوں رہے ہو؟"

"اس کے بدن سے شہد کی طرح شیریں رس ٹپکتا ہے اس شہد کو چاٹنے سے ہی جنت کا مزہ آجاتا ہے۔ کیا تمہیں ابھی تک کوئی حور الاٹ نہیں کی گئی؟"

میں نے کہا۔ "نہیں، ابھی خدا سے میری ملاقات نہیں ہوئی۔ تم یہاں کب سے آئے ہوئے ہو، تمہارا اِسم شریف؟"

"میں دھومی مل ہوں ...."

"وہی، جس کی ربڑ فیکٹری تھی اور جہاں نوجوان کنواریاں تین تین روپے روزانہ پر مزدوری کرتی تھیں"۔

"ہاں، اور یہی میری خدمتِ خلق تھی۔ میں ان غریب کنواریوں کو روزگار دلاتا تھا اور ان کے کنوارے بدن چاٹا کرتا تھا"۔

"ذلیل!" میرے حلق میں یہ لفظ اٹک گیا اور سوچا، یہ عورت بھی ضرور نہیں ہوگی، اسی ربڑ فیکٹری کی ملازمہ ہوگی۔ جسے خدا نے جنت میں بلا لیا ہوگا تاکہ بدن چٹوانے کے کام آسکے! خدا کو جنت کے لئے بھی دُنیا سے ہی ہی چیزیں امپورٹ کرنا پڑتی ہیں ـــــــ میں نے دل پر جبر کر کے شخص مذکور سے پوچھا:

"خدائے ذوالجلال کا دفتر کہاں ہے؟ جہاں میں اپنی آمد کی رپٹ کر سکوں"۔

"میں نہیں جانتا"۔ وہ شخص رکھائی سے بولا۔

ننگی حسینہ نے شاید کچھ بتانے کے لئے اپنا منہ کھولا۔ لیکن اس شخص نے جھٹ اپنا منہ اس کے ہونٹوں پر رکھ دیا اور شہد چاٹنے لگا۔ شہد ٹپکاتے ہونٹ سرد آہ بھر کر رہ گئے۔

جنت کے نظارے دیکھ دیکھ کر کبھی یقین آتا یہی جنت ہے۔ کبھی شک ہوتا یہ جہنم ہے، یقین اور عدم یقین کی اس کیفیت نے مجھے نڈھال کر دیا ـــــ ایک حور ایک تالاب میں نہاتے ہوئے کنارے پر کھڑے ایک بھینسے کو جلترنگ سُنا رہی تھی۔ ایک درخت پر بہت سے کرنسی نوٹ اُگے ہوئے تھے۔ جنہیں کچھ آدمی توڑتے اور حلق میں نگل جاتے۔ ایک چھوٹی سی سرسبز پہاڑی پر ایک سرخ و سپید بچہ بیٹھا تھا۔ وہسکی کے ایک ٹب میں کھجوریں ڈبو ڈبو کر کھا رہا تھا اور اس

کی گٹھلیاں نیچے پھینک رہا تھا۔ نیچے اپنے منہ کھولے کچھ ناتواں اور لاغر بچے کھڑے تھے۔ جب بھی کوئی گٹھلی کسی بچے کے منہ میں آگرتی، وہ نعرہ لگاتا —
"انقلاب زندہ باد!" ——— اور باقی بچے نہایت نحیف آواز میں بولتے "ہمارے لئے بھی کچھ انقلاب زندہ باد!"

میں نے ایک ناتواں بچے سے پوچھا "برخوردار! جنت میں آکر بھی گٹھلیاں کھا رہے ہو، اور انجبل کھجور کیوں نہیں کھاتے؟"

وہ بچہ حیرت سے میرا منہ تکنے لگا اور ایک دوسرے بچے سے بولا "ذرا سننا یہ آدمی کیا کہتا ہے، اِس کی بولی میری سمجھ میں نہیں آتی"

"کوئی مشرک ہوگا" دوسرا بچہ بولا۔

"جنت کی بولی نہیں جانتا" تیسرا بچہ کہنے لگا۔

"تو پھر جنت میں کیسے آگیا؟" چوتھے نے فرمایا۔

اور پھر سبھی بچے ایک ساتھ مجھ پر ہنسنے لگے۔

ہاں، میں کیسے آگیا؟ کیسے؟ ——— معصوم بچوں کا یہ سوال ایک گٹھلی بن کر میرے حلق میں پھنس گیا اور میں ڈر گیا۔ مجھے سچ مچ جنت کی زبان سیکھنی چاہیئے۔ اگر مجھے جنت میں رہنا ہے تو مجھے جنت کی سی آنکھیں چاہئیں، جنت کے سے کان، جنت کی سی سوچ ——— جنت میں آکر اصلی فکر تونسوی کو مر جانا ہوگا اور جنت مکانی فکر تونسوی کو زندہ کرنا ہوگا۔

پریشانی اور سراسیمگی میں، ایک دم میری چیخ نکل گئی "اے خدا! اے خدا! تو کہاں ہے؟"

اور جواب میں جنت کے ہزاروں پیڑ، لاکھوں پھل، اَن گنت پہاڑ کہہ اُٹھے "اے خدا! اے خدا! تو کہاں ہے؟"

اور پھر وہی ڈراؤنی خاموشی چھا گئی۔ "بڑے پھنسے ہو فکر تونسوی! یہ جنت ہے یا گنبد! یہاں تو ہر چیخ کا ترجمہ چیخ میں کیا جاتا ہے۔ ہر فریاد کا مذاق فریاد میں اڑایا جاتا ہے۔ کسی نہ کسی طرح یہاں سے نکلنا چاہیئے۔ تم یہاں رہنے کے اہل نہیں ہو۔

میں گھبراہٹ میں ایک طرف کو بھاگا لیکن ایک عجیب نظارے نے پھر میرے پاؤں روک لئے ——— پھولوں کے ایک نرم و نازک بستر پر ایک بوڑھا آدمی دراز تھا۔ اس کے چاروں طرف انواع و اقسام کے کھانے اور پھلوں کا دستر خوان بچھا ہوا تھا۔ جنہیں کتے اور گیدڑ اور چوہے نوش فرما رہے تھے۔ مجھے گھن آ گئی۔ لیکن گھن کے باوجود جستجو مجھے اس بوڑھے کے پاس لے گئی اور میں نے کہا۔ "السلام علیکم!"

اسے کے اسے گھن آ گئی، منہ پھیر کر بولا۔ "میں اسلام کا دشمن ہوں، اس لئے گڈ ایوننگ کہو۔"

میں نے فوراً اپنی مذہبی اصلاح کر ڈالی اور انگریزی میں پوچھا "ڈیل! آپ خود یہ کھانا کیوں تناول نہیں فرماتے"؟

"میں جانوروں سے پیار کرتا ہوں۔"

"انسانوں سے نہیں کرتے؟"

شاید وہ خوش نہیں ہوا، اس نے ایک کتے کی طرف اشارہ کیا اور اشارہ پاکر وفادار کتا مجھ پر بھونکنے لگا۔ کتے سے شہ پاکر ایک چوہے نے میرے پاؤں پر کاٹ کھایا اور اس سے پہلے کہ کوئی گیدڑ مجھ پر حملہ کرتا۔ میں سرپٹ بھاگ گیا اور جانوروں کے قہقہے دور تک میرا پیچھا کرتے رہے۔ یہ قہقہے مجھے مانوس معلوم ہوئے۔ دنیا میں ایسے قہقہوں کے کئی ٹیپ ریکارڈ بھرے

جا چکے تھے اور ریڈیو اسٹیشنوں سے عام سنائے جاتے تھے۔

بھاگتے بھاگتے یوں لگا جیسے ایک شفقت بھرا مہربان ہاتھ میرے کندھے پر آ پڑا ہے۔ میں نے مڑ کر دیکھا، ایک حسین و جمال نورانی چہرہ میرے سامنے تھا۔ میرے منہ سے بے اختیار نکلا "مجھ پر اس نے کتے چھوڑ دیئے"۔ اس نے مجھے غلط سمجھا۔ میرا کوئی قصور نہیں حضور!"

نورانی چہرہ مسکرایا "غلط تم سمجھے۔ یہ بڈھا اپنی دولت کو اپنے احباب اور مصاحبوں میں تقسیم کیا کرتا تھا۔ دولت کی اس تقسیم پر خدا اس سے خوش ہو گیا اور چند روز کے لئے اُسے جنّت عطا کر دی"۔

میں نے کہا۔ "یہ کیسا خدا ہے؟ جو دولت کے منصفانہ تقسیم کے اصول ہی نہیں جانتا"۔ میں نے احتجاج کیا۔ جنّت میں آنے کے بعد خدا کا خوف میرے دل سے نکل گیا تھا۔

نورانی ہاتھ پھر میرے کندھے تھپ تھپانے لگا "فکر تونسوی صاحب! خدا کی عظیم حکمت کو سمجھو کہ اس نے بڈھے کو جنّت تو عطا کر دی مگر بھوک چھین لی۔ تم نے دیکھا نہیں نعمتوں کا ڈھیر اس کے سامنے تھا مگر عامتہ الناس کھا رہے تھے اور وہ خود کھانے سے محروم تھا۔ بھوک کا چھن جانا قہرِ الٰہی سے کم نہیں ہوتا"۔

مگر فرشتے کا یہ فلسفہ مجھے ہضم نہ ہو سکا۔ شاید یہ جنّت کی فلاسفی تھی۔ اس لئے میں خاموش ہو گیا اور موضوع بدلنے کی خاطر پوچھا "اے مہربان! کیا آپ بتا سکتے ہیں کہ میں جنّت میں ہوں یا جہنّم میں؟"

"ابھی بتاتا ہوں!" ——— یہ کہہ کر اس نے اپنی دائیں انگلی سے خلا

میں ایک گول دائرہ سا بنایا اور پھر جیسے دور، ہزاروں میلوں سے آواز آئی ۔"اس دائرے میں داخل ہو کر ہمارے پاس آجاؤ ۔"

کیا یہ خدا کی آواز تھی ؟

میں خوش ہو کر ہلکے غبارے کی طرح دائرے میں داخل ہو گیا اور پھر یوں لگا، جیسے نرم و نازک ہوا کے وشال سمندر میں تیرتا جا رہا ہوں، میں کہاں جا رہا ہوں ؟ وہ فرشتہ کون تھا ؟ دائرہ کیا تھا، وہ جنت کہاں گئی ؟ کیا سچ مچ میں خدا کے حضور میں جا رہا ہوں، کیا وہ بلانے والی آواز کوئی دھوکا تو نہیں تھی ؟ میری منزل کہاں ہے ؟ جنت یا جہنم ؟ یا یوں ہی صدیوں تک، قرنوں تک اس سمندر میں تیرتے رہنا ۔ تیرتے رہنا ۔

اپنے ہی سوالوں کے ہجوم سے میں گھبرا گیا اور ایک کربناک چیخ میرے منہ سے نکلی :"اے خضرِ راہ! اے خضرِ راہ! میں کہاں ہوں ؟"

جواب میں میرے پاؤں کے تلوؤں سے جیسے ایک قہقہہ سا نکلا اور یہ قہقہہ نیچے اترتا چلا گیا اور قہقہے کے ساتھ ہی میں اترتا چلا گیا ۔ یہاں تک کہ میرے پاؤں ریشم ایسی ملائم مٹی سے جا لگے ۔ اس نرم مٹی کے لمس سے میرا تناؤ ایک دم ختم ہو گیا ۔ میری آنکھیں کھل گئیں اور میں نے دیکھا کہ ایک درخت کے سامنے کھڑا ہوں ۔ جو بیر بہوٹی کی طرح لال بھبھوکا پھلوں سے لدا ہوا ہے اور اس کے نیچے ایک عورت ......

اوہ مائی گاڈ ! یہ تو وہی عورت ہے جس کے خواب جنم جنمانتر سے دیکھتا چلا آ رہا ہوں ۔ بالکل وہی سراپا ۔ جس کا میں ہی خالق تھا ۔ جس کا ایک ایک انگ میں نے ہی تراشا تھا ۔ نسائی حسن کے جس روپ کو خدا نے ادھورا چھوڑ دیا تھا، اسے میں نے ہی مکمل کیا تھا اور میں اس مکمل روپ کو تخیل کی وادی سے

نکال کر حقیقت بنانے کے لئے صدیوں سے بھٹکتا پھرتا تھا ——— اور آج وہ مل گئی تھی، بالکل وہی، میرے سامنے، کانچ کی طرح بلوریں چیتون کا لباس پہنے، میرے سامنے کھڑی تھی۔

میرا دل ایک دم اچھل کر حلق تک آگیا۔

"یہی تمہاری جنت ہے، لیٹ جاؤ"۔ پیڑ پر سے ایک آواز آئی۔

میں نے پیڑ کے اُوپر نگاہ ڈالی۔ ایک قوس قزح رنگ کا نہایت ہی خوبصورت ناگ اپنی زبان باہر نکالے مجھ سے مخاطب تھا اور اس کے ساتھ ہی اس نے ایک لال بھبھو کا پھل توڑ کر نیچے پھینک دیا۔

"تم کون ہو؟" میں نے پوچھا۔

"میں خدا ہوں"

"خدا؟ ——— میرا سر غرور" خدا کے سامنے جھک گیا"۔ مگر اے خدا! تیری شکل سانپ کی سی کیوں ہے؟"

"کیونکہ میں شیطان بھی ہوں"

"شیطان؟ ——— بڑا کنفیوژن تھا۔ یہ کیسا خدا ہے جو شیطان بھی ہے؟ یہ کیسا شیطان ہے جو خدا بھی ہے؟ میرا دماغ چکرانے لگا۔ جنت اور میرے درمیان صرف ایک پھل کا فاصلہ تھا۔ میں کیا کروں؟ کس کو خضرِ راہ بناؤں؟ ہر شے بڑی گنجلک ہو رہی تھی۔

بے تابانہ میں اس سراپا محبوبہ کی طرف بڑھا "ڈارلنگ!"

محبوبہ بھی بے تابانہ میری طرف بڑھی "ڈیر!"

"ہم آغوشی ممنوع ہے؟ بے وقوفو!" پیڑ پر سے آواز آئی۔

اچانک لال بھبھو کا پھل زمین سے اُوپر اٹھا اور ہم دونوں کے ہونٹوں

کے درمیان آکر رُک گیا۔ اب دو پیاسے ہونٹوں کے درمیان صرف یہی پھل حائل تھا۔

"اِس پھل کو کھا جاؤ!"

"اِس پھل کو مت کھاؤ!"

"اِس پھل کو کھا جاؤ!"

"اس پھل کو مت کھاؤ!"

دونوں منفی اور مثبت آوازیں مسلسل آنے لگیں۔ ایک دوسرے کو کاٹتی ہوئی، ایک دوسرے سے لڑتی ہوئی، بالکل دو متضاد جھکڑوں کی طرح، دو مہیب پہاڑوں کی طرح ایک دوسرے سے ٹکرانے لگیں اور جوں جوں یہ مہیب جھکڑ تیز ہوتا گیا، میں اور میری محبوبہ مارے خوف کے ایک دوسرے کے قریب ہوتے گئے۔ اور قریب اور قریب۔ اور پھر یوں لگا، جیسے ہمارے درمیان اس پھل کا فاصلہ بھی مِٹ گیا، وہ پھل بھی جیسے شیریں رس بن کر ہم دونوں کے ہونٹوں میں گھل گیا اور پھر ہونٹ مل گئے۔ لال بھبھوکا ہونٹ گرم گرم، پیاسے پیاسے ہونٹ، اور ہم دونوں کے بدن لال بھبھوکا ہو گئے اور عجیب پُر اسرار نشیلی لہروں کے جھولے میں جھولنے لگے اور دُور سے، جیسے کسی بے بس خدا کی آواز آتی رہی۔

"یہ گناہگار ہیں، انہیں جنت سے نکال دو!"

اور بے بس خدا کی اسی آواز میں گھل مل کر آتی ہوئی بے بس شیطان کی آواز گونجتی رہی "ہاں! انھوں نے ثواب کمایا ہے، انہیں جنت سے نکال دو!——"

اور پھر خدا اور شیطان جیسے ایک دائرے میں گھومتے ہوئے ایک دوسرے کا تعاقب کرنے لگے اور پھر ہر شے گھومنے لگی، پیڑ، نہریں، جنت ——

اور ہزاروں لاکھوں گھنٹے ایک دم بج اُٹھے اور جھکڑ چلتا رہا اور ہم جھٹکے کھاتے رہے، پتھر، شعلے، انگارے ہمارے اردگرد بھیانک رقص کرنے لگے ــــــ لیکن ان میں سے کوئی چیز ہم دونوں کو جُدا نہ کرسکی۔ اور پھر جیسے کوئی نڈھال ہو جائے ایسے ہی ہم ایک دھماکے کے ساتھ جیسے کروڑوں میل کی بلندی سے نیچے آگرے ــــــ اور پھر ایک دم پیارا پیارا سکون سا چھا گیا۔

اور میں نے اپنی سہمی ہوئی آنکھیں کھول دیں اور کیا دیکھا کہ پھر جنت کے دروازے پر کھڑا ہوں اور وہی فرشتہ اسٹول پر بیٹھا بیڑی پی رہا ہے۔ اُس نے میری طرف مسکرا کے دیکھا اور بولا۔ "جنت سے ہو آئے؟ کیسی لگی ــــــ؟"

میں نے کہا۔ "اچھی ہے۔ بالکل ہماری دُنیا ایسی ــــــ عشق وہاں بھی شجرِ ممنوعہ ہے اور یہاں بھی۔"

وہ بڑے فخر سے بولا۔ "میں نے تمہیں کہا تھا نا؟ جنت اور جہنم میں صرف بال برابر کا فرق ہوتا ہے۔"

بچّے رکتے ہونے چاہئیں

کچھ عقل مند لوگ کہہ رہے ہیں کہ کرنسی کا پھیلاؤ بڑھ رہا ہے مگر میرا خیال ہے کہ بچوں کا پھیلاؤ بڑھ رہا ہے یا شاید یوں ہے کہ دونوں ایک دوسرے کی دیکھا دیکھی بڑھ رہے ہیں یا دونوں ایک دوسرے کو نیچا دکھانے کے لئے بڑھ رہے ہیں۔ مثلاً ادھر گورنمنٹ اپنی ٹکسال میں سے ایک نوٹ چھاپ کر مارکیٹ میں بھیجتی ہے اور ادھر والدین بھی اپنی ٹکسال میں سے ایک بچہ چھاپ کر مارکیٹ میں ارسال کر دیتے ہیں۔ گورنمنٹ کو اس بچے پر بڑا غصہ آتا ہے کہ یہ کم بخت اب کھائے گا کہاں سے؟ چنانچہ وہ اشتعال میں آکر ایک اور نوٹ چھاپ دیتی ہے اور ادھر جب ایک نوٹ چھپ جانے کی خبر پہنچتی ہے تو ایک اور بچہ جھانک کر کہتا ہے "آداب عرض ہے!"

اور یوں کرنسی اور بچوں میں یہ ریس جاری ہے اور ان دونوں کے درمیان بے چارے والدین "سینڈوچ" بنے جا رہے ہیں۔

اس ریس سے گھبرا کر کچھ اور عقلمند لوگ اُٹھتے ہیں "فیملی پلاننگ کرو، فیملی پلاننگ کرو، ورنہ مر جاؤ گے!" چنانچہ عامۃ الناس ایمان داری سے سوچنے لگتے ہیں کہ بچوں کی تعداد کو "پلان" کرنا چاہیے اور زیادہ تعداد میں بچے پیدا کر کے ملک کے بھاکڑہ ننگل میں شگاف پیدا نہیں کرنا چاہیے۔

مگر میرا خیال ہے کہ جو لوگ کم بچے پیدا کرنے کا نعرہ لگاتے ہیں، وہ کچھ جذباتی واقع ہوئے ہیں اور انھوں نے مسئلہ کا گہرائی سے مطالعہ نہیں کیا۔ کیونکہ کم بچے پیدا کرنے کا تعلق صرف اقتصادیات سے نہیں ہے بلکہ اس کے ساتھ کچھ اور مصیبتیں بھی وابستہ ہیں۔ مثلاً کم سے کم جتنے بچے پیدا کئے جا سکتے ہیں وہ یہ کہ صرف ایک بچہ پیدا کیا جائے کیونکہ ایک بچے سے کم بچے پیدا کرنا ممکن ہی نہیں ہے، لیکن فرض کیجیے اگر یہ بچہ ناخلف نکلے تو آپ کیا کریں گے ——— یہ حقیقت ہے کہ ہر گھر میں ایک نہ ایک بچہ ناخلف ضرور نکلتا ہے، اس لئے اگر بچہ ہی ایک ہو تو ناخلف ہونے کی ذمہ داری بھی اسی کو اٹھانا پڑے گی۔ لہذا ناخلف بچے کے مقابلے پر ایک فرمانبردار بچہ ضرور پیدا کرنا چاہیے، تاکہ بوڑھا باپ اپنے ہمسائے سے کہہ سکے " اجی راگھو رام جی وہ تو سمجھیے میرا نصیب اچھا تھا کہ چھوٹا لڑکا فرماں بردار نکلا، ورنہ بڑے نے تو گھر کی ناک ہی ڈبو دی تھی"!

یعنی اب کم سے کم تعداد دو بچے ہو گئی جو ایک بنیادی سماجی ضرورت ہے مگر یہ دونوں بچے لڑکے ہونے چاہئیں کیونکہ اگر ان میں سے ایک لڑکا ہو، اور ناخلف ہو اور دوسری لڑکی ہو جو بیاہی جائے تو آپ کے پلّے کیا باقی رہا؟ لہذا دو لڑکوں کے بعد تیسری ایک بہن بھی ہونی چاہیے تاکہ راکھی باندھ سکے۔

بھیا کی شادی پر تلک لگا سکے۔ سسرال میں جاکر بھیا کی یاد میں گیت گا سکے۔ اس کی گھوڑی کی ٹاپوں کی آواز پر دھیان دھر سکے۔ یعنی بہن ایک سخت سماجی ضرورت ہے اور یوں سماجی ضرورت کی مجبوریوں کے کارن تین بچوں کا کوٹا بنانا ہی پڑے گا۔

جب یہ تینوں بچے بڑے ہو جائیں گے تو ظاہر ہے کہ سخت زمانے کی مار کھا کر سنجیدہ بھی ہو جائیں گے اور والدین کو بور کرنے لگیں گے — اس سنجیدگی کی بوجھل فضا کو توڑنے کے لئے ضروری ہے کہ ایک ننھی منی سی، سادہ اور معصوم توتلی سی آواز گھر کے آنگن میں گونجنی چاہیئے، ورنہ ساری زندگی پھیکی ہو کر رہ جائے گی اور یوں بھی جب والدین ادھیڑ عمر سے آگے بڑھ جاتے ہیں تو ایک ننھے بچے کی تمنا ضرور کرتے ہیں کیونکہ اس نازک عمر میں زمانے کے تھپیڑے کھا کھا کر والدین اتنے دکھی ہو چکے ہیں کہ اس دکھ پر صرف ایک توتلی آواز ہی مرہم رکھ سکتی ہے۔ اگر اپنا ننھا نہیں ہوگا تو پڑوسیوں کے بچوں کو سینہ سے لگائے پھریں گے۔ مگر دوسروں کے بچے کا کیا اعتبار؟ موڈ آجائے تو آجائے نہیں تو دور سے انگوٹھا دکھا دے گا اور اونچی آواز میں رو کر کہے گا "ممی! یہ آدمی مجھے مارتا ہے"۔

امید ہے آپ قائل ہو گئے ہوں گے کہ چار بچے کم از کم تعداد ہے ——— جو بے حد ضروری ہے!

میں جوں جوں زیادہ سوچتا ہوں توں توں بچے زیادہ ہوتے جا رہے ہیں مگر میری یہ سوچ غلط حقائق پر مبنی نہیں۔ میں نے باقاعدہ حساب کرکے دیکھا ہے کہ

آٹھ سے کم بچوں کے بغیر گذارہ ہی نہیں ہوتا ۔ مثلاً فرض کیجئے' آپ کے آٹھ بچے ہوں تو ان میں سے ایک لڑکا تو گھر سے ضرور بھاگ جائے گا کیونکہ تیرہ اور سترہ سال کی عمر کے درمیان ہر لڑکا گھر سے بھاگ جانے کی سوچتا ہے تاکہ اپنے پاؤں پر آپ ہی کھڑا ہو سکے ۔ آپ نہیں کہہ سکتے کہ ان آٹھ میں سے کونسا لڑکا بھاگ جائے گا ۔ اس لئے ریزرو اسٹاک میں سے ایک لڑکا فرار کے لئے آپ کو الگ رکھنا ہی پڑے گا ۔ لڑکے کے فرار ہونے پر پریشان ہونے کی بھی ضرورت نہیں کیونکہ فراری لڑکے جب دوبارہ نمودار ہوتے ہیں تو سماج میں کوئی نہ کوئی اہم رتبہ حاصل کر کے نمودار ہوتے ہیں ۔ میں نے اکثر فراری لڑکے فلمی ہیرو' شاعر' ایڈیٹر اور فلاسفر بنتے دیکھے ہیں اور اگر یہ نہیں بنتے تو ڈاکو بن کر ابھرتے ہیں ۔ مگر ابھرتے ضرور ہیں ۔

گویا آٹھ میں سے ایک خارج ——— باقی رہ گئے سات ——— ان میں سے لڑکیوں کو تو ایک دم نکال دیجئے کیونکہ وہ پرایا دھن ہوتی ہیں ——— بیاہی جائیں گی ——— مگر یہاں یہ احتیاط ضرور کر لینی چاہیئے کہ ساتوں کی ساتوں لڑکیاں ہی نہ ہوں ورنہ سارا دھن پرایا ہو جائے گا اور آپ کا گھر لٹ جائے گا کم از کم دو اور زیادہ سے زیادہ تین لڑکیاں ہی داما دوں کا گھر بسانے کے لئے پیدا کرنی چاہیئں ۔ میرے ایک دوست ہیں جن کی نو لڑکیاں ہیں اور ان کا گھر بالکل گرلز اسکول معلوم ہوتا ہے ۔ ایک دن میں نے ان سے کہا ——— "جناب عالی ! یہ یک طرفہ ٹریفک کیوں ؟" تو وہ ایک گز لمبا سانس بھر کر بولے :"اولاد نرینہ کی خواہش میں یہ ٹریفک چل پڑا ہے اور اب رکتا ہی نہیں !"

کثرت اولاد کے حق میں ایک مضبوط دلیل ہے :" اولاد نرینہ" ۔ کیوں کہ لڑکیاں چاہے لاکھ بہادر ہوں مگر ہر لڑکی جھانسی کی رانی نہیں بن سکتی !

اب لگائیے حساب — ایک لڑکا بھاگ گیا، تین لڑکیاں بیاہی گئیں، باقی رہ گئے چار لڑکے۔ ان میں سے ایک لڑکا ایسا رکھیئے جسے پٹائی کی جاتی رہے کیونکہ ہر گھر میں ایک بچہ ایسا ضرور ہونا چاہیئے جس پر والدین اور بڑے بھائی اپنے ہاتھ سینک سکیں۔ کیونکہ اگر پٹائی نہ کی جائے تو گھر بالکل سُونا سُونا سا لگتا ہے۔ پٹائی سے گھر میں ذرا چیخ دھاڑ رہتی ہے اور گھر آباد لگتا ہے۔

ان آٹھوں میں سے ایک بچہ ایسا ہونا چاہیئے جسے سارا گھر پیار کرسکے۔ کیونکہ ہر بچے کو پیار کرنا بے حد مشکل ہوتا ہے۔ صرف ایک ہی بچہ ایسا ہوتا ہے جو گھر کا چراغ کہلاتا ہے اور اسی سے ہی سارے کنبے کے اندھیرے وابستہ ہوتے ہیں۔ باقی بچے اگرچہ چراغ ضرور کہلاتے ہیں مگر صرف نام کے چراغ ——— کسی میں تیل نہیں ہوتا تو کسی کے بتی ہی غائب ہوتی ہے۔

یعنی اب تعداد ہو گئی چھ — باقی رہ گئے دو لڑکے جو متفرقات کے لئے ہونے چاہئیں۔ مثلاً کوئی ہنگامی ضرورت آپڑے، جیسے ملک کی حفاظت کا سوال پیدا ہو جائے اور اُسے فوج میں بھرتی کے لئے بھیج دیا جائے، اور اگر فرماں بردار لڑکا نوکری کے لئے کہیں باہر چلا جائے تو ان دو نادر بچوں میں سے ایک کو فرمانبرداری کی ڈیوٹی پر لگا دیا جائے اور دوسرے کو پڑوسیوں کے لڑکوں کا مقابلہ کرنے کے لئے چھوڑ دیا جائے اور اس سے گھر کے دوسرے کام کاج کروائے جائیں جو آدمی مجھے ان آٹھ بچوں میں سے ایک کو بھی غیر ضروری ثابت کر دے۔ میں اس کا بیٹا بننے کے لئے تیار ہوں۔

دِلّی جو ایک شہر ہے

دِہلی کا آواگون

کہتے ہیں، دہلی کئی بار اُجڑی اور کئی بار آباد ہوئی۔ اس کا مطلب یہ ہے کہ دہلی کو اجڑنے اور آباد ہونے کا پُرانا چسکا ہے۔ وہ اجڑنے کے لئے آباد ہوتی ہے اور آباد ہونے کے لئے اُجڑتی ہے۔ یعنی وہ آواگون کی تھیوری میں یقین رکھتی ہے بار بار جنم لیتی ہے، بار بار مرتی ہے لیکن اس فرق کے ساتھ کہ بار بار اسی گھر میں جنم لیتی ہے جہاں سے اس کی ارتھی نکلی تھی وہی روح، وہی نام، وہی مقام —— صرف چولا بدل لیتی ہے بلکہ کئی بار تو چولا بھی وہی ہوتا ہے۔ صرف اُسے "ڈرائی کلین" کرا لیتی ہے، اس کا رنگ بدل دیتی ہے۔ اس پر نئے پھول اور بیل بوٹے کاڑھ لیتی ہے۔ شاید اپنے آپ کو دھوکا دینے کے لئے یا نئے نادر شاہ کو ترغیب دینے کے لئے کہ دیکھو میں کتنی پُرکشش ہوں، آؤ اور میرے حسن کو لُوٹ لو۔ میری مانگ اُجاڑ دو، کیونکہ میں اجڑنے کے لئے ہی پیدا ہوئی ہوں۔ میری بہار میری

خزاں ہی کا عکس ہے۔ مجھے اُجاڑ دو، لوٹ لو، مار دو، کیونکہ میری موت ہی سے زندگی کا پھول کھلتا ہے۔

دہلی ——— ایک بیوہ ———

آج کی دہلی ایک خوشنما پھول بن کر کھلی ہوئی ہے۔ آج سے چند سال پہلے اس کی سانس اکھڑ گئی تھی جب چند سیاست دان قسم کے غاصبوں نے تقسیم ہند کے نام پر اُس کی مانگ اجاڑ دی تھی۔ اس کے پھول مسل ڈالے گئے، اس کی بہار لوٹ لی گئی اور پھر جب اس کا حسن نیست و نابود کر دیا گیا۔ تو دہلی کی روح اس بربادی اور ویرانی پر چہچہا اٹھی۔ کیونکہ تخریب ہی اُس کی روح کی غذا تھی۔ موت ہی اس کی طمانیت تھی۔ مسمار ہونا ہی اس کا مزاج تھا ——— اور پھر چند برس ہی میں دنیا نے دیکھا کہ دہلی کے ویرانے میں ایک پھول کھل اٹھا۔ اس پھول میں ایک نئی کشش تھی، نئی خوشبو اور نیا رنگ تھا چند برس پہلے کا کوئی "جلا وطن" آج دہلی میں آئے تو یہ دیکھ کر حیران رہ جائے گا کہ یہ وہ خاتون تو نہیں ہے جو بیوہ ہو گئی تھی۔

لیکن دہلی، جمنا میا کی قسم کھا کر کہے گی: "میں وہی خاتون ہوں۔ صرف رنگ رُوپ ذرا نکھر آیا ہے کیونکہ وٹامن سی کا استعمال ذرا زیادہ کرنے لگی ہوں"۔

مگر اے رُوپ متی! ڈرتا ہوں، کہیں تجھے پھر نظر نہ لگ جائے"۔

"چشمِ ما روشن دلِ ماشاد"

دہلی ——— ایک اٹھارہ سالہ دوشیزہ ———

آج کی دہلی ایک ایسی اٹھارہ سالہ دوشیزہ کی طرح ہے جس پر جوانی ٹوٹ

ٹوٹ کر آتی ہے۔اس سے آنکھ ملانے کے لئے سورج دیوتا کی سی آنکھ چاہیے اور مہرشی وشوامتر کا سا تقدس' ورنہ ایمان بھرشٹ ہونے میں ایک سیکنڈ نہیں لگتا۔ایک بار جو دہلی آگیا وہ اس کی زلف کے جال سے نکل نہ سکا اور جو ابھی تک دہلی نہیں آیا وہ دور بیٹھا اس کے فراق میں آہیں بھر رہا ہے اور کون جانتا ہے کہ وہ ایک آہ ایسی لمبی بھرے کہ خود بخود کھنچ کر دہلی تک آجائے اور دہلی ریلوے اسٹیشن پر پہنچ کر یہ پوچھے ـ "کیوں صاحب! کیا دہلی یہی ہے؟"

اور اسے جواب ملے "معاف کیجئے' مجھے فرصت نہیں'کسی اور سے پوچھ لیجئے!"

کسان سے سمگلر تک ——————•

اگر آپ ابھی تک دہلی نہیں آئے ہیں تو کسی نہ کسی بہانے جلد ہی آجائیں گے۔کیونکہ دہلی آنے کے کئی بہانے ہیں۔آپ کسی کسان ڈیلی گیشن میں شامل ہو کر آجائیں گے تاکہ پارلیمنٹ کے سامنے اگر مظاہرہ کریں جس کے اردگرد عام طور پر دفعہ ۱۴۴ لگی رہتی ہے۔وزیر اعظم کی کوٹھی کے باہر بھوک ہڑتال کرنے کے لئے آجائیں گے' گاؤں میں بھوکوں مر مر کر دہلی میں نوکری کرنے کے لئے آجائیں گے۔ بھیک مانگنے کے لئے آجائیں گے کیونکہ یہاں کے گناہ گار بھکاریوں کے کشکول میں پانچ دس پیسے کے سکے ڈال کر ثواب کمانے کے بہت شوقین ہیں اور اگر آپ کے پاس دولت زیادہ ہے تو آپ دہلی کے اشوکا ہوٹل میں چائے پینے کے لئے آجائیں گے جہاں پانچ روپے فی کپ چائے ملتی ہے اور جہاں کے بیرے مغل شہزادے معلوم ہوتے ہیں —— اور اگر کوئی بہانہ نہ ملے گا تو آپ کوئی نہ کوئی چیز سمگل کر کے دہلی لے آئیں گے۔گھڑیاں' سونا' کپڑے' لڑکیاں' عورتیں' کیونکہ دہلی سمگلروں

کی بہت چھپتی منڈی ہے. جہاں گھڑی سے لے کر لڑکی تک ہر چیز بغیر رسید پرچہ کے منہ مانگے داموں بک جاتی ہے۔

غرض آپ کسی بھی بہانہ سے آئیں گے، جلد یا بدیر دہلی ضرور آئیں گے اور پھر یہیں کے ہوکر رہ جائیں گے۔ شادی کریں گے اور پھر لکھ پتی ہو جائیں گے یا صرف پتی دونوں حالتوں میں دہلی آپ کو برداشت کرے گی۔

اجنبی باشندوں کی بستی

دہلی میں داخل ہونے کے کئی راستے ہیں اور ہر راستے سے ہر روز ہزاروں لوگ دہلی پر حملہ کرنے کے لئے داخل ہوتے ہیں اور پھر دہلی کے کوچہ و بازار میں یوں پھیل جاتے ہیں کہ وہ بھی دہلی ہی کے باشندے معلوم ہونے لگتے ہیں۔ ایک اجنبی حملہ آور اور دہلی کے مستقل باشندے میں تمیز کرنا انتہائی مشکل ہے۔ آپ یقین سے نہیں کہہ سکتے کہ ایک "پہاڑی چھوکرا" جو دہلی کے ایک ہوٹل میں برتن مانجھ رہا ہے۔ آٹھ سال سے دہلی میں مقیم ہے یا آج صبح ہی لاریوں کے اڈے پر اترا ہے۔ یا کافی ہاؤس میں جو سیاہ رنگ کا مدراسی جنٹلمین سیاہ رنگ کا سوٹ پہنے، سیاہ رنگ کی کافی پی رہا ہے. سنٹرل سیکرٹریٹ میں گذشتہ دس سال سے کلرکی کر رہا ہے یا آج ہی مدراس میل پر سوار ہو کر دہلی میں کلرکی کرنے آیا ہے —— اور یا اجمیری گیٹ سے جس تانگہ بان کے تانگے پر آپ سوار ہوتے ہیں وہ ۱۹۴۷ء ہی میں یہاں تانگہ ہانکنے آگیا تھا، یا سہارن پور میں اس کا چینی کا ڈپو تھا جو کسی وجہ سے چل نہ سکا اور یہ دہلی میں تانگہ چلانے کے لئے ایک ہی ہفتہ پہلے آیا ہے۔

دہلی کے باشندوں اور باہر سے آنے والوں میں امتیاز کرنا کیوں مشکل ہے؟

اس لئے کہ موجودہ دہلی کا نہ کوئی اپنا کلچر ہے نہ لباس ہے نہ زبان، جس سے یہ پتہ چل سکے کہ یہ دہلی والا ہے اور یہ کلکتے والا اور یہ لکھنؤ والا۔ دہلی کی کسی سڑک پر اگر دو آدمی چل رہے ہوں تو آپ یہ جان کر حیران ہو جائیں گے کہ یہ دونوں ایک دوسرے کی زبان نہیں جانتے۔ ایک نے کوٹ پتلون پہن رکھا ہے تو دوسرا دھوتی کرتے میں ملبوس ہے۔ ایک نے کوٹ پتلون کے اوپر گاندھی ٹوپی پہنی ہوئی ہے تو دوسرے نے کھدر کی اچکن اور پائجامے کے اوپر ہیٹ لگا رکھی ہے۔ ایک ابھی ابھی ہوٹل سے مچھلی چاول کھا کر نکلا ہے تو دوسرے نے پراونٹھا اور چھاچھ نوش فرمائی ہے اور ستم بالائے ستم یہ کہ دونوں ہی اپنے آپ کو دہلی کے باشندے کہتے ہیں۔

غرض دہلی میں ہر شخص دہلی کا باشندہ ہے اور ہر شخص اجنبی ہے — ہر باشندہ ایک دوسرے کے لئے انجان! لیکن ہر اجنبی اپنے آپ کو دہلی کا باشندہ کہتا ہے کیونکہ دہلی کا کلچر اجنبی ہے، لباس اور زبان اجنبی ہے۔ دہلی کے پچیس میل کے گھیرے میں یہی اجنبیت پھیلی ہوئی ہے۔ اجنبیت ہی دہلی کا کلچر ہے، لباس اور زبان ہے اور یہ کلچر، لباس اور زبان دہلی میں آنے والے ہر راستے سے ہر روز داخل ہوتی رہتی ہے۔ ۱۹۴۷ء کے بعد دہلی نے اپنا کلچر کھو دیا ہے۔ اور اجنبیت پائی ہے۔

حدودِ اربعہ کہاں گیا؟

دہلی کا حدود اربعہ معلوم کرنا بہت مشکل ہے کیونکہ ریاضی اور جغرافیہ کا کوئی فارمولا دہلی پر لاگو نہیں ہوتا۔ دہلی ریاضی اور جغرافیہ کو پس پشت ڈال کر آگے نکل گئی ہے۔ کہتے ہیں کچھ قدرتی حدود ہوتی ہیں، جیسے دریا، پہاڑ، نہر،

جن سے کسی مقام کا حدود اربعہ معلوم کیا جا سکتا ہے۔ اگرچہ دہلی میں دریا بھی ہے، پہاڑ بھی اور نہر بھی۔ لیکن دہلی نے قدرت کی لگائی ہوئی ان بندشوں کی پروا نہیں کی اور تیز رفتار سیلاب کی طرح ان کے اوپر سے دندناتی ہوئی گذر گئی۔ آج کل یہ دریا، پہاڑ اور نہریں دہلی شہر کے اندر آ گئی ہیں، یہ دہلی کو قید نہیں کر سکیں بلکہ دہلی نے قید کر لیا ہے۔ مثلاً بچاری جمنا دہلی شہر کے اندر یوں بہہ رہی ہے جیسے پولیس کے گھیرے میں کوئی سہما ہوا مجرم۔ دہلی کے کئی پہاڑ جو کبھی اپنے سر اٹھائے کھڑے رہتے تھے اب دہلی کے باشندے ان پر سے موٹریں، لاریاں اور سائیکلیں گذار کر یوں لے جاتے ہیں جیسے یہ پہاڑ نہ ہوں بلکہ ان کے زر خرید غلام ہوں۔ سارے پہاڑ دہلی کے چھوٹے چھوٹے محلّے بن گئے ہیں اور دہلی والوں نے ان کا نام پہاڑ گنج، پہاڑی دھیرج، بھوجلہ پہاڑی۔ آنند پربت رکھ چھوڑا ہے اور یہ پہاڑ قدرتی پہاڑوں کی بجائے "پہاڑی چھوکرے" معلوم ہوتے ہیں جو برتن مانجھنے کے لئے دہلی میں آ گئے ہیں۔

در اصل جب سے دہلی آزاد ہندوستان کا دار الخلافہ بنی ہے آزاد اور بے باک ہو گئی ہے اور کسی المہڑ دوشیزہ کی طرح چاروں کھونٹ اٹھکھیلیاں کرتی پھر رہی ہے۔ اس لئے اس کی حدود متعین کرنا قریب قریب ناممکن ہے۔ ہر سال نہیں بلکہ ہر ہفتے اس کی حدود بدل جاتی ہیں۔ اگر ایک ہفتہ پہلے اس کی مغربی حد پٹیل نگر نامی کالونی میں تھی تو ہفتہ کے ختم ہونے سے ایک گھنٹہ پہلے پتہ چلتا ہے کہ اب پٹیل نگر سے آگے ایک اور کالونی نمودار ہو گئی ہے۔ جو اب دہلی کی مغربی حد کہلاتی ہے۔ مشرقی حد میں پہلے جمنا ندی تھی۔ اس کے بعد شاہدرہ بن گئی اور اب شاہدرہ والے سرد آہ بھر کر کہتے ہیں کہ اب ہم

مشرقی حد نہیں رہے کیونکہ ستاروں سے آگے ایک اور کالونی کا جہان بس گیا ہے۔ غرض دہلی کی حدیں ٹوٹتی بنتی اور بنتی ٹوٹتی رہتی ہیں۔ یہ کہنا غلط نہ ہوگا کہ دہلی میں شیطان آگھسا ہے جو اپنی آنتوں کو چاروں طرف پھیلاتا چلا جارہا ہے۔ اور کچھ عجب نہیں کہ ایک دن ہم یہ خبر سنیں کہ دہلی کی ایک حد کلکتہ ہے۔ اور دوسری حد سری نگر۔ ممکن ہے، نقشہ سے ہندوستان نام کا ملک غائب ہو جائے اور دہلی نام کا ملک نمودار ہو جائے کیونکہ ہندوستان سمٹ رہا ہے اور دہلی بڑھ رہی ہے۔ دہلی ایک جسم ہے جس میں ہندوستان کی روح داخل ہوتی جارہی ہے جسم اور روح کا یہ وصال ٹریجڈی ہے یا کامیڈی۔ اس کا فیصلہ ہم آنے والے مؤرخ پر چھوڑتے ہیں۔

ایک نہیں پانچ دہلیاں

بہت سے لوگوں کو یہ غلط فہمی ہے کہ دہلی صرف ایک ہے۔ انہیں یہ غلط فہمی دُور کر لینی چاہیئے کیونکہ "دہلیاں" پانچ ہیں۔ پرانی دہلی، نئی دہلی، شرنارتھی دہلی، چھاؤنی دہلی، دیہاتی دہلی اور ان میں سے ہر دہلی دوسری دہلی سے الگ مزاج رکھتی ہے۔ ہر دہلی دوسری دہلی کی سوکن معلوم ہوتی ہے۔ پرانی دہلی اپنے آپ کو خاندان کی اس بڑی بی کی طرح سمجھتی ہے جس کی کمر میں چابیوں کا گچھا لٹکتا رہتا ہے اور جو اپنے سامنے خاندان کے سارے افراد کو ہیچ سمجھتی ہے۔ اور منہ میں پان کی گلوری دبائے "پدرم سلطان بود" کے نعرے لگاتی رہتی ہے۔ اور نئی دہلی خاندان کی وہ ماڈرن لڑکی ہے جو چابیوں کے گچھے کی بجائے کلائی میں پرس جھلاتی ہوئی اپنے آپ کو "یورپ رٹرن" کہتی ہے۔ منہ میں چونگ گم دبائے اپنے آپ کو انڈیا کی "ہرہائنس" سمجھتی ہے اور پرانی دہلی سے اکڑ کر آتی

ہوئی کسی مکھی کو ناک پر نہیں بیٹھنے دیتی ——— اور ”شرنارتھی دہلی“ اپنے آپ کو وہ طرار حسینہ سمجھتی ہے جو اپنی عشوہ طرازیوں کے ساتھ یہاں آئی اور دلِ عشاق پر حملہ کر کے فاتح بن گئی۔ کبھی منہ میں پان دبا لیتی ہے، کبھی چیونگ گم اور کبھی گنڈیریاں۔ اپنے آپ کو دہلی کی ناک سمجھتی ہے۔ مگر سرکار اس پر ہمیشہ مکھیاں بٹھاتی رہتی ہے۔ چھاؤنی دہلی کی پوزیشن اس جلا وطن ملکہ کی سی ہے جو اب بھی اپنے آپ کو تخت و تاج کا وارث سمجھتی ہے اور اپنی رعایا سے دور ہی رہنے میں اپنی بڑائی سمجھتی ہے اور دیہاتی دہلی اس بے بس دوشیزہ کی طرح ہے جس کا بیاہ زبردستی ایک ایسے شخص سے کر دیا گیا ہو جس کے نام کا وہ صحیح تلفظ بھی نہیں جانتی۔ لیکن گھونگھٹ اوڑھے ”پتی ورتا دھرم“ نبھاتے چلی جا رہی ہو۔

ان پانچوں دہلیوں میں صرف ایک چیز مشترک ہے اور وہ یہ کہ ہم حاکم ہیں۔ ہمارے ہی احکام کے سامنے سارا ہندوستان سر جھکاتا ہے۔ ہم اس دہلی کے مالک ہیں جو ہمالیہ سے راس کماری تک راج کرتی ہے۔ دہلی کا ہر باشندہ اپنے آپ کو راجکمار محسوس کرتا ہے۔ اپنی رگوں میں شاہی خون دوڑتا ہوا محسوس کرتا ہے چاہے اسے آسٹریلیا کا گندم ہی کھانے کو ملے۔

دہلی کی بسیں

دہلی شہر کے اندر ڈی۔ٹی۔سی بسیں چلتی ہیں جو انسانوں کو ڈھونے کا کام کرتی ہیں۔ ایک علاقہ کے لوگوں کو اٹھا کر دوسرے علاقہ میں پھینک آتی ہیں اور دوسرے علاقہ کے لوگوں کو تیسرے علاقہ میں۔ دہلی کا ایک انسان اگر دوسرے انسان سے جڑا ہوا ہے تو ان بسوں کی بدولت۔ اگر ایک دن کے لئے یہ بس سروس ختم ہو جائے تو محبوبہ اپنے عاشق سے نہیں مل سکتی۔

طالب علم اپنے ٹیچر سے نہیں مل سکتا، قرضخواہ اپنے مقروض تک نہیں پہنچ سکتا۔ مالک اپنے ملازم کے ہجر میں تڑپتا رہے اور کلرک اپنے افسر کی جھڑکیاں کھانے سے محروم رہ جائے۔ حتیٰ کہ آتما اپنے پرماتما سے نہیں مل سکتی، جب تک بس ڈھو کر اسے پرماتما تک نہ پہنچا دے۔

غرض یہ بسیں دہلی کے بچھڑے ہوؤں کا 'وصال' کراتی ہیں۔ دراصل دہلی بہت سے "ہجر زدہ" ٹکڑوں کا ایک مجموعہ ہے۔ یہ ٹکڑے ایک دوسرے سے الگ تھلگ رہتے ہیں۔ اگر یہ ٹکڑے ہمیشہ الگ تھلگ رہیں تو دہلی نام کا شہر ہندوستان کے نقشہ پر نظر نہ آئے۔ دہلی کو ایک وحدت 'ایک اکائی' ایک شہر کی حیثیت اسی وقت ملتی ہے، جب ڈی۔ ٹی۔ سی بسیں ان ہجر زدہ ٹکڑوں کا ایک دوسرے سے وصال کراتی ہیں ——— اس اعتبار سے دہلی کی بسیں ایک ایسے "ایجنٹ" کی طرح ہیں جو طالب و مطلوب کو ایک دوسرے سے ملا دیتا ہے اور اپنی "دلالی" کھری کرتا ہے۔

لیکن یہ بسیں صرف ایجنٹ ہی نہیں ہیں۔ صرف اپنی "دلالی" ہی کھری نہیں کرتیں۔ صرف عاشق کو محبوبہ ہی سے نہیں ملاتیں بلکہ خود بھی محبوباؤں کی طرح ناز نخرے دکھاتی ہیں۔ محبوبہ کے دیدار سے پہلے آپ کو بس کے دیدار کے لئے تڑپنا پڑتا ہے۔ بس ایک طرح کی لیلیٰ ہے جس کے مجنوں اس کے انتظار میں سوکھ کر کانٹا ہو جاتے ہیں۔ ایک مجنوں نے تو مجھے یہاں تک بتایا کہ وہ دہلی کے ایک بس سٹاپ ہی پر پیدا ہوا تھا۔ یہیں پہ ماں کا دودھ پی پی کر بڑا ہوا۔ یہیں پر مونگ پھلیاں کھا کھا کر جوان ہوا۔ بس کے انتظار ہی میں مطالعہ کرتے کرتے گریجویٹ ہو گیا۔ یہیں کھڑے کھڑے اس نے شادی کی۔ یہاں تک کہ اب بوڑھا ہو گیا ہے۔ لیکن اسے ابھی تک بس نہیں ملی جس پر سوار

ہو کر وہ اپنے باپ کے پاس پہنچ جائے اور اسے یہ خوشخبری سنائے کہ میں بوڑھا ہو چکا ہوں۔ لیکن دہلی کا ہر مجنوں اتنا صابر و شاکر نہیں ہوتا کہ اپنی ساری عمر بس کے انتظار میں گزار دے۔ چنانچہ وہ لپک کر، جھپٹ کر، پھدک کر، دوڑ کر، بھاگ کر بس کا تعاقب کرتا ہے اور اس نامعقول محبوبہ کو کسی نہ کسی طرح پکڑ لیتا ہے اور جب بس سے اتر کر گھر پہنچتا ہے تو اسے معلوم ہوتا ہے کہ اس کی عینک کا ایک شیشہ ٹوٹ گیا ہے۔ پتلون گھٹنے پر سے پھٹ گئی ہے۔ جیب کسی بلیڈ سے کٹ چکی ہے اور ماتھے سے خون بہہ رہا ہے اور گھر جانے کی بجائے اسے ہسپتال جانا چاہیئے۔

لیکن آہ! ہسپتال جانے کے لئے بھی بس کا انتظار کرنا پڑتا ہے۔

اس ذلت و خواری کے باوجود جب صبح ہوتی ہے، شام ہوتی ہے تو دہلی کے ہر بس سٹاپ پر میلوں لمبی قطاریں لگ جاتی ہیں۔ دہلی کی آدھی آبادی ان قطاروں میں سمٹ کر کھڑی ہو جاتی ہے اور پھر رات گئے تک بسوں میں بھیڑ بکریوں کی طرح بھر کر ایک جگہ سے دوسری جگہ پہنچا دی جاتی ہے۔ ایک اندازہ کے مطابق دہلی کے باشندے اپنی آدھی عمر بسوں کی نذر کرتے ہیں اور باقی آدھی عمر بسوں کے متعلق سوچنے میں صرف کرتے ہیں۔ ایک صاحب کا بیان ہے کہ اس نے گذشتہ چھ ماہ سے اپنے بچوں سے بات نہیں کی کیونکہ صبح وہ بس نہ ملنے کے خوف سے جلدی گھر سے روانہ ہو جاتا ہے۔ اس وقت بچے سوئے ہوئے ہوتے ہیں اور جب رات کو دیر سے بس ملنے کے سبب گھر پہنچتا ہے تو بچے پھر سو چکے ہوتے ہیں۔

دہلی کی بسیں عہد حاضرہ کی سب سے بڑی ٹریجڈی ہیں جو انسانوں کی عمر لذیذ لقمہ سمجھ کر کھائے جا رہی ہیں۔

دہلی کے بائیسکل

دہلی بابوؤں اور بائیسکلوں کا شہر ہے۔ کچھ لوگوں کا خیال ہے کہ بابوؤں نے بائیسکلوں کو جنم دیا۔ کئی کہتے ہیں بائیسکلوں نے بابو پیدا کئے۔ مگر میری رائے ہے کہ دونوں جڑواں پیدا ہوئے۔ اگر بابوؤں اور بائیسکلوں کو دہلی سے نکال دیا جائے تو دہلی بیوہ ہو کر رہ جائے اور گورنمنٹ آف انڈیا ماتھے پر دوہتڑ مار کر کہے "اب کیا فائدہ جینے کا۔ مرحوم ہی کے دم سے تو میرا سکہ چلتا تھا"

یہ حقیقت ہے کہ بائیسکل اور بابو کی برکت ہی سے انڈیا کی عظیم ری پبلک چل رہی ہے ہر روز صبح بائیسکلوں کے غول کے غول دہلی کے گلی کوچوں سے نکل نکل کر سڑکوں پر پھیل جاتے ہیں جو بابوؤں کو اپنے کندھے پر سوار کئے بھاگ رہے ہوتے ہیں۔ اگر دہلی کی سڑکوں پر بائیسکل چل رہے ہوں تو سمجھ لیا جائے کہ ہندوستان کی حکومت چل رہی ہے ورنہ نہیں۔ سرزمین ہندوستان پر حکومت کی باگ ڈور بائیسکلوں کے ہاتھ میں ہے۔ کیونکہ اگر بائیسکل نہ ہو تو بابو دفتر نہیں جا سکتا اور جب بابو دفتر نہیں جاتا تو ہندوستان کا وزیراعظم تک ہاتھ پر ہاتھ دھرے بیٹھا رہتا ہے اور بار بار کھڑکی سے جھانک کر دیکھتا رہتا ہے کہ کوئی بائیکل آئے تو وہ حکومت کا کاروبار چلائے۔ شاید دنیا کی کوئی سلطنت بائیسکل کی اتنی محتاج نہیں رہی جتنی موجودہ زمانہ کی گورنمنٹ آف انڈیا۔

میرا خیال ہے اس مرتبہ اگر دہلی اُجڑی تو صرف اس بنا پر اجڑے گی کہ بائیسکل فیکٹریاں بائیسکل بنانا بند کر دیں اور بابو لوگ یہ شعر پڑھتے ہوئے دہلی سے نکل جائیں کہ ؎

ہے اب اس معمورہ میں قحطِ غم سائیکل اسد ہم نے یہ مانا کہ دہلی میں رہیں کس پر چڑھیں؟

جیسا کہ میں نے کہا کہ بابو اور بائیسکل دونوں جڑواں پیدا ہوتے ہیں۔ اس لئے دونوں کے فضائل اور مسائل بھی ایک دوسرے سے بے حد مشابہ ہیں۔
بائیسکل ارزاں ترین سواری ہے اور بابو ایک ارزاں ترین ملازم ہے۔ بائیسکل پر آپ جتنا بوجھ لاد دیجئے۔ اُف نہیں کرتی۔ بابو پر آپ جتنی فائلیں لاد دیجئے اُٹھا لیتا ہے۔ آپ بائیسکل مرمت نہ کریں تو بھی کام چلتا رہتا ہے۔ بابو کے انجر پنجر بھی چاہے جتنے ڈھیلے ہو چکے ہوں کام کرتا رہتا ہے۔ بائیسکل کچھ نہیں کھاتی، تھوڑی سی ہوا بھر دو، چل پڑے گی۔ بابو بھی کچھ نہیں کھاتا۔ صرف اس کے دماغ میں یہ ہوا بھر دو کہ وہ بابو ہے اپنے دفتر کا بادشاہ۔ بابو چلتا رہے گا۔ بائیسکل کو تھوڑی سی گریس چاہیئے، بابو کو دو روٹیاں اور میٹھی چاہیئے۔ زیادہ عیاشی کریگا تو دفتر کی کینٹین میں چائے کا ایک کپ پی لے گا اور پھر تروتازہ ہو کر اپنی بائیسکل کو اٹھا کر لتا منگیشکر کے فلمی بول گنگناتا ہوا چل پڑے گا۔ وہ اپنی بائیسکل کو "بیوک کار" کہتا ہے۔ بالکل اسی طرح جیسے اپنے آپ کو سلطنت کا اصل بادشاہ سمجھتا ہے۔ بائیسکل پر بیٹھا ہو تو بیش قیمت کاروں کو حقارت سے دیکھ کر آگے نکل جاتا ہے۔ دفتر کی کرسی پر بیٹھا ہو تو بڑے سے بڑے سیٹھ کو پھٹکار کر کہہ دیتا ہے "سیٹھ صاحب! اس وقت میرے پاس ٹائم نہیں ہے۔ کل آنا۔"

دہلی کا بابو اپنی بائیسکل کی فطرت خوب سمجھتا ہے اور اسے ہر سانچے میں ڈھال لیتا ہے۔ بابو کی طرح بائیسکل بھی بڑی لچکیلی فطرت رکھتی ہے۔ بابو کبھی اسے ایروپلین کی طرح چلاتا ہے۔ کبھی پیادہ فوج کی طرح چلاتا ہے، اس کے پیچھے فائلیں باندھ لیتا ہے، کبھی آٹے کی بوری رکھ لیتا ہے، کبھی گھر کے سودا سلف کی گٹھڑی باندھ لیتا ہے اور کبھی جب چھٹی کے دن تفریح کے لئے نکلتا ہے تو اسی اپنی واحد وفادار بائیسکل پر اپنے تین چار بچوں اور بیوی کو لاد کر سارا

دہلی شہر گھماتا ہے اور پھر بڑے فخر سے اپنی بیوی سے کہتا ہے ۔" منے کی ماں! چاہے تم میرا ساتھ چھوڑ جاؤ۔ لیکن یہ بائیسکل میرا ساتھ کبھی نہیں چھوڑیگی یہ تم سے بھی زیادہ وفادار جیون ساتھی ہے اور سدا سہاگن ہے"۔

بائیسکل اور بابو کی جوڑی مستقل اور پائیدار ہے اور گورنمنٹ آف انڈیا کا سہاگ اسی جوڑی پر قائم ہے۔

دہلی کے تانگے ●

دہلی میں تانگے بھی چلتے ہیں بلکہ یوں کہنا چاہئیے کہ چلتے تھے ۔کیونکہ آجکل تو وہ حسرت سے کھڑے دیکھتے رہتے ہیں کہ کبھی جن سڑکوں پر وہ مغل شہزادوں کی طرح گردن اٹھائے چلا کرتے تھے ان پر کاریں، اسکوٹر اور بسیں چل رہی ہیں سڑکوں کی مغل سلطنت ان سے چھن چکی ہے اور اگر کبھی کبھار کوئی تانگہ سڑک پر چلتا ہوا دکھائی دے بھی جائے تو یوں شرماشرما کر، اچک اچک کر سہم سہم کر کنی کترا کترا کر چلتا ہے کہ کہیں کوئی دیکھ کر پہچان نہ لے کہ سلطنت کا معزول شہزادہ جارہا ہے ——— "رائل فیملی" سے تانگہ کے تعلقات ٹوٹ چکے ہیں ۔لیکن ان تعلقات کا احساس ابھی نہیں ٹوٹا ۔اور احساس کا نہ ٹوٹنا ہی سب سے زیادہ دردناک ہے۔ احساس کے بغیر تانگے کو مکمل "نروان" حاصل نہیں ہوسکتا۔

لوہے کی مشین نے تانگے کو پچھاڑ دیا ہے ۔پٹرول اور انجن اسے بہت پیچھے چھوڑ گئے ہیں جس سے تانگے میں احساس کمتری پیدا ہوگیا ہے ۔اس نے دہلی کی بڑی بڑی سڑکوں پر نکلنا چھوڑ دیا ہے اور وہ چھوٹی چھوٹی سڑکوں گلیوں کوچوں کے اندر سمٹتا جارہا ہے ۔دہلی کی زندگی اتنی تیز ہوگئی ہے اور اتنے دور دور کے علاقوں تک پھیل گئی ہے کہ بیچارہ تانگہ اس تیز رفتار زندگی کا ساتھ نہیں دے

سکتا۔ اس لئے وہ صرف ان تنگ و تاریک اور پسماندہ علاقوں میں محدود ہوتا جارہا ہے جن میں داخل ہونا لوہے کی مشین اپنی توہین سمجھتی ہے۔ مگر لوہے کی مشین کا کوئی اعتبار نہیں، کب اپنی عارضی توہین کا لبادہ پھاڑ کر پھینک دے اور تانگہ کو اپنی سلطنت کی آخری پناہ گاہوں سے بھی باہر نکال دے اور محکمہ آثار قدیمہ، دہلی کے آخری تانگے کو اٹھا کر لال قلعہ کے اندر ایک کونے میں محفوظ کر کے رکھ دے، تاکہ غیر ملکی سیاح آکر اس "ہندوستانی عجوبہ" کو دیکھیں اور اس کا فوٹو لے کر امریکہ کے "لائف میگزین" میں تفریح کے لئے شائع کیا کریں ——

دہلی کا تانگہ کبھی رئیسوں کی سواری سمجھا جاتا تھا۔ رئیسوں نے کاریں خرید لیں تو تانگے نے عوام کی سرپرستی قبول کر لی۔ لیکن اب عوام بھی اسے دغا دیتے جارہے ہیں اور وہ بھی تانگوں کی بجائے بائیسکلوں کو ترجیح دینے لگے ہیں کیونکہ وہ بائیسکلوں سے بھی وہی کام لینے لگے ہیں، جو تانگوں سے لیا کرتے تھے یعنی بائیسکلوں کو بار برداری کے لئے بھی استعمال کر لیتے ہیں۔ تانگے کی طرح بائیسکلوں پر بھی گھر کی چار چار سواریاں بٹھا لیتے ہیں اور تانگوں سے شرط باندھ لیتے ہیں کہ آؤ، ریس لگا کر دیکھ لو، ہم تم سے پہلے منزل مقصود پر پہنچ جائیں گے۔

غرض دہلی کے تانگے اپنے آخری دن جوں توں کر کے کاٹ رہے ہیں۔ میرا عام خیال یہ ہے کہ وہ شاید اپنی زندگی کے آخری لمحوں میں ایک بار پھر رئیسوں کی سواری بن جائیں گے اور کبھی کبھی کوئی رئیس زادہ منہ کا مزہ بدلنے کے لئے ململ کا کرتہ یا اچکن پہن کر، دوپلی سر پر لگائے، پان کی گلوری منہ میں دبائے، شام کو تانگے پر سیر کے لئے نکلے اور لوگ ہاک اُچک کر اسے یوں حیرت سے دیکھیں، جیسے بچے شہر میں گھومتے ہوئے سرکس کے ہاتھی کو دیکھتے ہیں۔

دہلی کی کاریں

دہلی کی سڑکوں پر کاریں بھی گھومتی ہیں اور پارلیمنٹ کے ممبران بھی، لیکن راہ چلتے لوگوں کو دونوں کی اہمیت کا احساس نہیں ہوتا کہ سڑک پر کوئی کار جا رہی ہے یا ممبر پارلیمنٹ۔ کیونکہ جب کوئی چیز عام ہو جائے تو اس کی اہمیت کم ہو جاتی ہے۔ دہلی میں کاریں اور ممبران پارلیمنٹ دو بہت عام چیزیں ہیں اس لئے جب وہ سڑکوں پر چلتے ہیں تو صرف انہیں ہی یہ احساس ہوتا ہے کہ وہ کار ہے یا پارلیمنٹ کا ممبر ہے۔

جب کوئی کار والا سڑک پر چلتا ہے تو نجانے کیوں اُسے بار بار یہ خیال آتا ہے کہ یہ سڑکیں اور پٹرول پمپ صرف اسی کے لئے بنائے گئے ہیں اور باقی یہ جو لاریاں، بسیں، بائیسکلیں، سکوٹر وغیرہ چل رہے ہیں۔ کالے رنگ کے ریڈانڈین ہیں اور بدقسمتی سے ڈیموکریسی نہ ہوتی۔ تو انہیں ان سڑکوں پر چلنے کی ممانعت کر دی جاتی، جن پر کاریں چلتی ہیں —— چنانچہ کار والا ان کی طرف ناک سکوڑ کر دیکھتا ہے اور بڑبڑا کر کہتا ہے۔ "ابے اندھا ہے، دیکھتا نہیں، کار آ رہی ہے۔ راستہ چھوڑ دے، کیوں سڑک پر چل رہا ہے، جیسے تیرے باپ دادا کی ملکیت ہے، ہٹ جا، ورنہ چالان کروا دونگا۔ جانتا بھی ہے، ٹریفک پولیس کا سپرنٹنڈنٹ میرے داماد کا بھائی ہے!" ابھی چند سال پہلے دہلی پر صرف ان کے پاس کار ہوتی تھی جن کے پاس کوٹھی ہوتی تھی۔ لیکن ہمارے دیکھتے دیکھتے کوٹھی کی شرط اُڑ گئی۔ اور اب تو اس آدمی کے پاس بھی کار ہے جس کے پاس صرف دو کمروں والا کوارٹر ہے۔ میں نے ایک ایسے آدمی کے پاس بھی کار دیکھی ہے، جو غالب کے شعر غلط پڑھتا ہے اور ایک ایسا آدمی تو

تین کاروں کا مالک ہے جو چند سال پہلے ایک تنور پر روٹیاں لگانے کا کام کرتا تھا۔ حتیٰ کہ ایک پہلوان کے پاس بھی کار ہے اور وہ صبح اکھاڑے میں جاتا ہے تو کار پر سوار ہو کر جاتا ہے۔ دہلی میں بھانت بھانت کی کاریں گھومتی ہیں۔ ان کے رنگ، سائز، وزن، شکل و صورت میں "فینسی ڈریس شو" کا سا منظر دکھائی دیتا ہے۔ یہاں ایسی کاریں بھی چلتی ہیں جن پر لوگ گھاس لادتے ہیں۔ اور ایسی کاریں بھی ہیں جو دُور سے جیٹ ہوائی جہاز معلوم ہوتی ہیں لیکن اس کے باوجود یہ سب کاریں ہی کہلاتی ہیں۔ چاہے کسی کے پاس کار کے لئے گیراج تک نہ ہو مگر وہ اُسے گھر کے باہر سڑک یا گلی میں یوں کھڑا کر لیتا ہے جیسے کار نہ ہو کوئی کٹّے بھینس ہو۔

دہلی کی حسینائیں

دہلی میں حسینائیں یوں گھومتی ہیں جیسے جنگل میں شیر گھومتے ہیں۔ دہلی پران کا راج ہے۔ جہانگیر نے شراب کے ایک پیالے پر اپنی سلطنت نورجہاں کو دے دی تھی، دہلی کے موڈرن جہانگیر صرف کافی کے ایک پیالے پر سلطنت نچھاور کر دیتے ہیں۔

دہلی کی بیشتر حسینائیں دہلی کے کھیتوں سے نہیں اُگیں بلکہ باہر سے درآمد کی جاتی ہیں۔ دہلی کی اوریجنل حسینائیں اقلیت میں ہیں اور یہ چھوٹی سی اقلیت بھی اب لہولنگا کر "راٹل فیملی" میں شامل ہو رہی ہے۔ درآمد شدہ حسیناؤں نے جب دہلی پر جارحانہ حملہ کیا تھا تو دہلی کی اوریجنل اور قدیم حسیناؤں کے پیلے پیلے طلائی رخسار غصہ سے لال پڑ گئے تھے لیکن حملہ آور زیادہ موڈرن ہتھیاروں سے مسلح تھیں، اس لئے قدیم حسیناؤں نے معمولی مزاحمت کے

بعد ہتھیار ڈال دئے اور پھر آہستہ آہستہ خود بھی موڈرن حسیناؤں کے سانچے میں ڈھل گئیں اور جنگل پر راج کرنے میں حملہ آور حسیناؤں کے ساتھ ساجھی دار بن گئیں۔

ایک مورخ نے اس صورتِ حال پر تبصرہ کرتے ہوئے کہا "ہندوستان کی تاریخ میں ہمیشہ یہی ہوتا آیا ہے کہ سامراجی حملہ آوروں کے کلچر کو یہاں کے اصلی باشندے اپنا لیتے ہیں۔ یہاں تک کہ ایک دن ایسا آتا ہے جب اصلی باشندے بھی حملہ آور سامراجی حاکم معلوم ہونے لگتے ہیں۔

آزادی کے بعد دہلی ایک کاسموپالیٹن (COSMO-POLITON) شہر بن گیا ہے۔ اس لئے یہاں کی حسینائیں بھی کاسموپالیٹن قسم کی حسینائیں بن گئی ہیں۔ بنگال کی جادو کرنے والی کالی، لمبی زلفیں، سندھ کے پُر بہار ریگ زاروں میں کھلی ہوئی ولایتی سکرٹوں کے پھول لگاکر، جب مدراسی برہمن زادیوں کی سانولی، سڈول اور رقص کرتی ہوئی پنڈلیوں پر، پنجاب کے سُنہرے مکئی کی طرح شوخ و شنگ چمکیلے رخساروں پر شلوار قمیض کا سایہ ڈالتی ہیں تو یورپ کی نیلگوں آنکھوں اور بھورے کٹے ہوئے بالوں پر بھی یہ جنون سوار ہو جاتا ہے کہ بنارسی ساڑی پہن کر بازار میں نکلیں اور آتش شوق میں کاسموپالیٹن حرارت پیدا کرلیں اور جدھر بازار سے گزریں، کُشتوں کے پُشتے لگادیں اور حُسن کو عالمگیر بنادیں اور عاشقوں کو "کنفیوز" کردیں کہ نگاہ ٹھہرے تو کہاں ٹھہرے۔ کس پر ٹھہرے کہ کانگو کی پتھریلی حسینہ اور کشمیر کی گلنار بیر بہوٹی دونوں بیک وقت دل کو کھینچ لیتی ہیں اور یہ بھی نہیں سوچنے دیتیں کہ دل کس کے حوالے کریں۔ پانچ منٹ پہلے ایک جاپانی گڑیا جو دل لے گئی تھی اب اُسے کس منہ سے کہیں کہ محترمہ! ایک افغان زادی ہم سے دل لینے کا مطالبہ

کر رہی ہے۔ براہِ کرم ہمارا دل ٹوٹا دو کہ سے

یہاں عشق کے امتحاں اور بھی ہیں
ستاروں سے آگے جہاں اور بھی ہیں

دہلی کی حسیناؤں کی تعداد کتنی ہے؟ اس کے متعلق کوئی اعداد وشمار نہیں ملتے۔ محکمہ مردم شماری اس سلسلہ میں خاموش ہے کیونکہ رُولز کے مطابق، حسن شماری اس کے فرائض میں شامل نہیں ہے لیکن عام اندازہ یہ ہے کہ حسیناؤں کی تعداد تیزی سے بڑھ رہی ہے۔ ایک مستقل قسم کے "سڑک گرد" عاشق کا حلفی بیان ہے کہ وہ ایک سڑک پر گذشتہ دس برس سے حسن شماری کر رہا ہے لیکن ہر روز اس سڑک پر ۵٪ فی منٹ نئی حسینائیں نمودار ہو جاتی ہیں۔ نہ جانے وہی حسینائیں بھیس بدل کر سامنے آجاتی ہیں یا کسی چھپے ہوئے ریزرو سٹاک میں سے نیا مال نکال کر مارکیٹ میں بھیج دیا جاتا ہے۔ اس لئے تعداد کے اضافہ کی صحیح رفتار کا اندازہ لگانا بے حد مشکل ہے۔ خطرہ یہ ہے کہ ایک دن ایسا آجائے گا۔ جب دہلی شہر کی ہر "صنفِ نازک" حسینہ بن چکی ہوگی اور ہر حسینہ لاکھوں دل اپنے پرس میں چھپائے پرس جھلاتی نظر آئےگی اور اس وقت شاید اُن کی تعداد کا شمار کرنا نسبتاً آسان ہو جائے گا کیونکہ حسن کی نگری میں یہ عام رجحان پھیل رہا ہے کہ لباس کی موڈرن ٹیکنیک اور بھڑکیلی تراش خراش ہی کو حسن کی بنیاد بنا دیا جائے اور لباس ہی کو ایک ایسا پاور فل سورج بنا دیا جائے جس کی چکا چوند میں، نین نقش کے سبھی چھوٹے موٹے ستارے اوجھل ہو جائیں

——— عشق کے لئے یہ ایک بہت جانکاہ اور آزمائشی دور ہے کہ لب و رخسار کی قدیم ترازو میں لباس نے ڈنڈی مارنا شروع کر دی ہے اور

بے چارے عاشق حیران ہیں کہ اس ڈنڈی سے دل کی قدر و قیمت کو بچائیں یا حسین سوداگروں کی اس سٹے بازی میں نقد دل و جان لٹا کر ہار مان لیں۔

دہلی کی حسیناؤں کی لیڈر شپ یونیورسٹی کی لڑکیوں کے ہاتھ میں ہے کیونکہ وہ دل لینے کے نت نئے ڈھنگ ایجاد کرتی رہتی ہیں۔ اگر کسی شام کو یونیورسٹی کی ایک حسینہ جوگیے رنگ کا لمبا کرتہ زیب تن کرکے میدانِ کارزار میں اتر آتی ہے تو دوسری شام کو دہلی کی تمام حسینائیں جوگنیں بنی ہوئی نظر آتی ہیں اور ابھی تیسری شام پوری طرح ختم نہیں ہوتی کہ یونیورسٹی کی کوئی اور حسینہ جوگیا لباس اتار کر تنگ پتلون پہن لیتی ہے جیسے وہ حسینہ نہ ہو بلکہ ریس کورس کی چاق و چوبند گھڑ سوار ہو۔ چنانچہ چوتھی شام دہلی کے کوچہ و بازار گھڑ سوار حسیناؤں کا ریس کورس بن جاتے ہیں۔ حتیٰ کہ دہلی کے سلم ایریا میں رہنے والی رام جی داس کلرک کی میٹرک پاس بیٹی جو اسّی روپیہ مہینہ پر ٹائپسٹ کا کام کرتی ہے۔ نزدیکی ٹیلر ماسٹر کو تنگ پتلون تیار کرنے کا آرڈر دے آتی ہے اور جب ایک ہفتہ بعد پتلون پہن کر اپنے دفتر جاتی ہے تو یہ دیکھ کر بہت پریشان ہوتی ہے کہ فیشن بدل گیا ہے اور حسیناؤں نے کوئی "ٹرائی کلر" لباس پہننا شروع کر دیا ہے۔

دہلی کی حسیناؤں کی کہانی یہیں ختم نہیں ہوتی۔ ان کی زلفوں کی طرح اس کہانی کے بھی کئی پیچ، کئی خم اور کئی سٹائل ہیں۔ لیکن میں صرف ایک بات کہہ کر اسے ختم کرنا ہوں۔ دہلی کی حسینائیں وہ لیلائیں ہیں جو مجنوؤں پر جان نثار کرنے کی قایل نہیں ہیں صرف کبھی کبھار ایک آدھ خودکشی کی خبر آجاتی ہے — حسیناؤں کی تعداد کے اعتبار سے خودکشیوں کی یہ تعداد آٹے میں نمک کے برابر ہے لیکن نمک کی اس کمی پر کسی حسینہ کو کفِ افسوس ملتے نہیں دیکھا گیا۔ بلکہ

خودکشی کا مذاق اڑا کر نمک چھڑکتے ہی دیکھا گیا ہے۔

دہلی کے عاشق

دہلی کے عاشقوں کی سب سے بڑی ٹریجڈی (بلکہ کامیڈی) یہ ہے کہ ان کی اپنی کوئی آواز نہیں ہے۔ وہ صرف دہلی کی حسیناؤں کے گنبد کی صدائے بازگشت ہیں۔ اگر آپ چاہیں کہ دہلی کے کسی عاشق کو الگ کرکے دیکھیں تو آپ کو مایوسی ہوگی۔ کیونکہ وہ کسی نہ کسی حسینہ کے دوپٹے میں تنکے کی طرح اٹکا ہوا نظر آئے گا اور وہ تنکا دوپٹے کے بغیر آپ کو لاوارث نظر آئے گا۔ دوپٹہ ہی اس کی ہستی کی ضمانت ہے اور اگر آپ اسے دوپٹے سے الگ کرکے دیکھنا چاہیں گے تو وہ یوں لگے گا جیسے سگریٹ کی راکھ زمین پر گر گئی ہے۔

دہلی میں عاشقوں کی تعداد حسیناؤں سے کئی سو گنا زیادہ ہے۔ تعداد کے اس بے ہنگم اضافہ نے عشق کا معیار گرا دیا ہے اور عاشق لوگ اس گرے ہوئے معیار کو نہیں دیکھ سکتے۔ کیونکہ عشق اندھا ہوتا ہے۔ مجھے ایک عاشق کے بارے میں معلوم ہے کہ وہ جس کا تعاقب کرنے کے لئے ہر روز بائیسکل پر پندرہ میل کا سفر کرتا رہا اور آخر ایک دن جب اس کی محبوبہ نے وفورِ محبت میں اس سے پوچھا "پیارے! میرا جی چاہتا ہے کہ تجھ پر کچھ نچھاور کروں۔ بول کیا مانگتا ہے؟"

جواب میں عاشق کے منہ سے بے ساختہ نکلا "پیاری! مجھے ایک سکوٹر لے دو۔ مجھ سے اب زیادہ بائیسکل نہیں چلائی جاتی"۔

دہلی کا عاشق حساب کتاب کا عاشق ہے۔ وہ عشق کو بائیسکل اور سکوٹر سے تولتا ہے۔ وہ بے حد چوکنا ہو کر دیکھتا رہتا ہے کہ حسینہ کے حسن کی کیا قیمت ہے

وہ کافی کے کتنے کپ اُسے پلا چکا ہے اور اس کے بدلے میں اسے کتنی مسکراہٹیں مل چکی ہیں۔ اگر محبوبہ کی طرف سے ملی ہوئی مسکراہٹوں کی تعداد کم ہے تو عاشق کا نازک شیشۂ دل چُور چُور ہو جاتا ہے اور وہ محبوبہ پر بے وفائی کا الزام لگا دیتا ہے۔ اگر زیادہ ذکی الحس ہو جائے تو مسکراہٹیں کم ہونے کے غم میں ٹھنڈی آہیں بھرتا ہے، راتوں کو تارے گِنتا ہے اور فلمی گیت گنگناتا ہے اور کافی کے بلوں کے غیر متوازن بجٹ کو اس طرح پُورا کرتا ہے کہ بڑھیا بلیڈ کی بجائے گھٹیا بلیڈ استعمال کرنے لگتا ہے بلکہ کئی بار تو ہفتوں شیو نہیں کرتا۔ اور آزردہ حال ہو کر یہ شعر بڑے رقت انگیز لہجہ میں گاتا ہے ؎

اِک بے وفا سے پیار کیا، ہائے کیا کیا
خود کو ذلیل و خوار کیا، ہائے کیا کیا

دہلی کے عاشقوں کی ایک اور بلند پایہ قسم بھی ہے جو حُسن کا مول تول نہیں کرتی بلکہ اپنے عِشق کا مول تول کرتی ہے۔ اس قسم کے عشق میں کافی کے پیالے نہیں گنے جاتے اور نہ یہ دیکھا جاتا ہے کہ حسن کے تعاقب میں کار کا کتنا پٹرول ضائع ہوا بلکہ صرف یہ دیکھا جاتا ہے کہ عاشق کو سوشل اور اقتصادی طور پر کہیں ہیٹا تو نہیں سمجھا جا رہا۔ یہی وجہ ہے کہ دہلی میں مکانوں کے کرائے کی طرح حسیناؤں کا ریٹ بھی بڑھا دیا جاتا ہے۔ بلڈنگ کا کرایہ جتنا زیادہ ہوگا بلڈنگ کی سماجی حیثیت اتنی ہی زیادہ بڑھے گا۔ اس قسم کے گھر پھونک تماشہ دیکھنے والے مالک مکان قسم کے عاشقوں نے جہاں عشق کا مارکیٹ ریٹ بہت بڑھا دیا ہے وہاں محبوباؤں کے دماغ بھی بگاڑ دئے ہیں اور عشق کے مفہوم کو بنک بیلنس کی سالانہ رپورٹ بنا دیا ہے ——— آپ کے پاس کار ہے یا تانگہ۔ یا آپ صرف کسی پبلک پارک میں ایک آنے کی مونگ پھلی ہی سے محبوبہ

کا دل رجھا رہے ہیں؟ کار، تانگہ اور مونگ پھلی میں جتنا فرق ہوتا ہے، اسی فرق کی بنیاد پر عشق کیا جاتا ہے اور ان چیزوں کو پرکھنے کی کسوٹی صرف حسیناؤں کے پاس ہے۔ اسی لئے میں نے کہا ہے کہ دہلی کے عاشق کے پاس اپنا کچھ نہیں ہے جو کچھ ہے حسیناؤں کے پاس ہے۔ دہلی کے عاشق حسیناؤں کے دوپٹے کے تنکے ہیں۔ اس تنکے کو الگ کر کے دیکھئے تو نہ کار کی حیثیت باقی رہتی ہے نہ بائیسکل کی۔ نہ پستے اور بادام کی نہ مونگ پھلی کی۔ غریب اور امیر دونوں قسم کے عاشق مول تول کا شکار ہیں اور یہ مول تول محبوباؤں کے اختیار میں ہے۔ عاشقوں کے اختیار میں تو صرف چند رومانٹک اشعار ہیں جنھیں پڑھ پڑھ کر وہ اپنے شب و روز بگاڑ رہے ہیں۔ اس کے باوجود سمجھتے ہیں کہ وہ قیس اور رانجھے کی روایات کے وارث ہیں۔

دہلی کے عاشقوں کی ایک اور قسم بھی ہے جن کے پاس کوئی محبوبہ نہیں ہے لیکن اس کے باوجود ان کے پاس اپنے عشق کی کئی مفروضہ کہانیاں موجود ہیں اور وہ محفلوں میں، کلبوں میں، ریسٹورانوں میں اپنی ان محبوباؤں کے دلفریب قصے بیان کرتے رہتے ہیں جو ابھی پیدا نہیں ہوئیں اور اگر پیدا ہو چکی ہیں تو عاشقوں کے نام، پتے اور شکل سے آگاہ نہیں۔ مجھے ایسے ہی ایک عاشق سے ملاقات کا شرف حاصل ہے وہ راہ چلتی ہر تیسری حسینہ کے بارے میں یہ کہتا ہے کہ وہ اس پر مرتی تھی اور آج کل دو بچوں کی ماں بن چکی ہے ——— فلاں موتیوں جیسے دانتوں والی حسینہ میرے ساتھ کالج میں پڑھتی تھی اور اس نے میرے ساتھ ساری عمر گزارنے کا عہد کیا تھا لیکن اس کی ایک چھوٹی سی بیوقوفی پر میں نے اسے دھتا بتا دیا وہ اپنی بے وقوفی اور میری بے نیازی کے باعث ابھی تک شادی نہیں کر سکی ——— اور فلاں نیلگوں ساڑی اور نیلگوں آنکھوں

والی حسینہ مجھے اغوا کر کے تاج محل تک لے گئی تھی لیکن جب میں نے کہا کہ میرے پاس شاہجہاں کی طرح اتنا روپیہ کہاں ہے کہ تمہارے لئے بھی ایک تاج محل بنوا سکوں تو اس کا دل ٹوٹ گیا اور آج کل تاج محل کی بجائے ایک چھوٹے سے کوارٹر میں رہتی ہے اور ایک کلرک کی بچے پیدا کرنے والی ٹائپ مشین بنی ہوئی ہے۔

یہ تمام معزز عاشق بڑے مزے کے لوگ ہیں کیونکہ وہ بڑے اچھے قصہ گو ہیں۔ ان کی کہانیاں سن کر عشق کی بلندی اور حسن کی پستی کا یقین ہو جاتا ہے اور وہ صرف اپنے عاشقانہ قصوں ہی سے اس خلاء کو پُر کرتے رہتے ہیں جو محبوبہ کے نہ ہونے سے ان کی روح میں پیدا ہو گیا ہے۔

ان عاشقوں کی عمر کے متعلق جب کسی حسینہ کو معلوم ہوتا ہے کہ وہ اب مناسب حدود سے آگے بڑھ گئی ہے اور ان کی خودکشی کا خطرہ ہے تو ان میں سے کوئی حسینہ رحم کھا کر ان کی طرف بڑھتی ہے اور کہتی ہے کہ "اب سب قصے تمام ہوئے۔ اب شادی کر لو۔"

جس پر وہ نہایت اکتاہٹ اور بے بسی کے عالم میں "ہاں" کہہ دیتے ہیں اور کسی بینڈ پارٹی کا ایڈریس پوچھتے ہوئے دکھائی دیتے ہیں جو ان کے فرضی عشق کے ماتم اور حقیقی شادی کی خوشی کی دھن بجا سکیں۔

ایسی کئی ماتمی خوشیوں میں شرکت کرنے کا مجھے بھی فخر حاصل ہو چکا ہے۔

دہلی کے مکان ———•

دہلی میں صرف دو قسم کے انسان رہتے ہیں۔ مالک مکان اور کرایہ دار۔ ایک تیسری قسم بھی ہے جو "لامکان" کہلاتی ہے اور خدا کی طرح ہر جگہ موجود ہے۔

فٹ پاتھوں پر، کھنڈروں پر، پارکوں میں، پلوں کے نیچے، پلوں کے اوپر، برآمدوں میں، کھنڈروں میں، مگر یہ ضمنی قسم ہے۔ خدا کی طرح مکان سے بے نیاز ہے۔ حقیقی قسمیں دو ہی ہیں۔ مالک مکان اور کرایہ دار۔

مالک مکان ——— مکان بناتے ہیں۔ اپنے لئے نہیں بلکہ کرایہ داروں کے لئے دہلی میں جو مکان بنتا ہے۔ اس میں کرایہ داروں کے مزاج اور تمناؤں کو اینٹوں کی طرح چن دیا جاتا ہے۔ جن مکانوں میں ایسا نہیں ہوتا، ان کے متعلق مالک مکان سمجھتا ہے بیکار پیسہ ڈبو دیا۔ مکان کے نقشے ہی میں کرایہ داروں کے چہرے اور جیب فٹ کردی جاتی ہے بلکہ اکثر اوقات تو ایسا بھی ہوتا ہے کہ مکان کے لئے ابھی منظوری بھی نہیں آتی کہ اس پر کرایہ داروں کا بورڈ لگ جاتا ہے۔

دہلی میں ایسے مالک مکان بالکل گدھے سمجھے جاتے ہیں جو کرایہ دار نہیں رکھتے اور شکر ہے کہ دہلی میں گدھوں کی تعداد بہت کم ہے۔ مجھے ایک ایسے ہی گدھے رئیس کے بارے میں معلوم ہے کہ اپنی کوٹھی میں کرایہ دار رکھنے کا سخت مخالف ہے لیکن اس نے ایک کمرہ اپنی بیوی کو کرایہ پر دے رکھا ہے، جہاں وہ اپنا پالتو کتا رکھتی ہے اور ایک سو روپیہ ماہانہ کرایہ دیتی ہے۔ ایک چپراسی مالک مکان نے اپنا آدھا مکان اپنے بیٹے اور بہو کو کرایہ پر دے رکھا ہے۔

چاٹ والے سے ممبران پارلیمنٹ تک ———•

دہلی کے مکان، انسانوں کے لئے نہیں، کرایہ کے لئے بنائے جاتے ہیں۔ گذشتہ دنوں ایک صاحب اپنے مکان کے سامنے تھڑا بنا رہے تھے، میں نے عرض کیا، یہ تھڑا کس لئے؟ فرمانے لگے: ایک چاٹ والے کو کرایہ پر دینا

ہے" ـــــــــ دہلی میں سیڑھیاں تک کرایہ پر چڑھانے کے لئے بنائی جاتی ہیں - دراصل دہلی کے ہر باشندے کی رُوح کرائے کی رُوح ہے - رُوح کو بھی سیڑھی اور ٹھیڑا سمجھ کر کرایہ پر چڑھا دیا جاتا ہے - یہاں تک کہ کئی ممبران پارلیمنٹ بھی ایسے ہیں جو اپنی ضمیر اور مکان دونوں کو کرایہ پر دے دیتے ہیں - (حالانکہ یہ ممبر خود بھی کرایہ دار ہوتے ہیں) اور پھر خود ہی پارلیمنٹ میں کرائے کی روحوں کے خلاف صدائے احتجاج بلند کرتے ہیں اور اس طرح اپنے "گناہ" کا بوجھ ہلکا کر لیتے ہیں -

اس اعتبار سے دہلی میں کوئی مالک مکان، خالص مالک مکان نہیں ہے کیونکہ اگر وہ کرایہ دار نہیں رکھتا تو اپنے آپ سے ہی اپنے مکان کا کرایہ وصول کر لیتا ہے -

دہلی مکانوں کا شہر

دہلی صرف مکانوں کا شہر ہے - آزادی کے بعد یہاں صرف مکان بنے ہیں - ان کے سوا ہر چیز بگڑ گئی ہے مکان خوبصورت ہو رہے ہیں، انسان بھدّے ہو رہے ہیں خدا نے انسان کو جتنا حسن عطا کیا تھا وہ سب مکانوں پر لگا دیا گیا ہے - اس لئے انسان کے پاس کچھ باقی نہ رہا - صرف کرائے کے پیسے رہ گئے - یہاں تک کہ خدا کے مکانوں میں بھی کرایہ دار رکھ لئے گئے ہیں جو پیٹ کی خاطر خدا کو کرایہ پر چڑھاتے ہیں اور خدا سے دوا ہلتے ہیں -

دہلی کے مکانوں کی طرزِ تعمیر میں "کرایہ آرٹ" مدِ نظر رکھا جاتا ہے - کہنے کو دہلی کے سبھی آرکیٹکٹ یہی کہتے ہیں کہ فلاں مکان میں مغل آرٹ ہے، فلاں میں یورپین آرٹ اور فلاں میں چینی آرٹ، لیکن حقیقت یہ ہے کہ مکانوں

کے سبھی سٹائل' "کرایہ آرٹ" کے گرد کولھو کے بیل کی طرح گھومتے ہیں۔ کرایہ داروں کی جتنی اقسام ہیں' اتنی ہی اقسام کے تعمیری آرٹ ہیں۔ آرٹ ضمنی چیز ہے' کرایہ دار بنیادی چیز ہے۔

یہاں کے مکان چار قسم کے ہیں:

(۱) قدیم مکان (۲) نئے بنگلے اور کوٹھیاں (۳) عوامی مکان (۴) سلم ایریا کی جھونپڑیاں۔

دہلی کے قدیم مکان ——————•

مکانوں کی یہ قسم پرانی دہلی میں پائی جاتی ہے۔ انہی مکانوں کی گلیوں کے بارے میں ذوقؔ نے کہا تھا۔ ع

کون جائے ذوقؔ اب دلّی کی گلیاں چھوڑ کر

یہ گلیاں اتنی تنگ و تاریک اور بھول بھلیاں قسم کی ہیں کہ ان سے باہر نکلنے کا کوئی راستہ ہی نہیں۔ اس لئے انہیں چھوڑ کر جانا آسان نہیں — ذوقؔ نے ٹھیک کہا تھا۔ ان سے باہر نکلنے کا واقعی کوئی راستہ نہیں۔

قدیم طرز کے یہ مکان اس زمانے کے انسانوں کی گہری اور قریبی محبت کا ظاہر کرتے ہیں۔ یہ ایک دوسرے سے اتنے قریب ہیں' اتنے جڑے ہوئے ہیں کہ ایک مکان کا باشندہ اپنی چھت پر کھڑا ہو کر دوسرے مکان کی چھت پر کھڑے ہوئے باشندے کا بوسہ لے سکتا ہے' مل کر ڈوئٹ گا سکتا ہے — ایک دوسرے کا سگریٹ سلگا سکتا ہے۔ غصہ آئے تو ہاتھ بڑھا کر تھپڑ مار سکتا ہے۔ ان مکانوں کی عورتیں اپنے گھروں سے نکلے بغیر ایک دوسری کو گالیاں لے اور دے سکتی ہیں۔ دال' سبزی' ایکسچینج کر سکتی ہیں۔ اپنی چھت پر کھڑے

کھڑے تعزیت تک کر لیتی ہیں ـــــــ غرض یہ قدیم طرز کے مکان دو انسانوں کے وصال اور قربت کا سمبل ہیں اور زبانِ حال سے کہہ رہے ہیں "اے دنیا بھر کے لوگو! قریب آجاؤ۔ کیونکہ قربت ہی تمہارے دکھوں کا علاج ہے۔ نہ صرف علاج ہے بلکہ خود بھی ایک دکھ ہے۔ اس لئے دُکھی ہونا چاہتے ہو تو ایک دوسرے کے مکانوں کو اتنا قریب لے آؤ کہ مردوں کو مورچے بنانے میں اور عورتوں کو سیاپہ کرنے میں سہولت ہو جائے۔"

یہی جذبۂ وصال و قربت ہے کہ اگر ان میں سے ایک مکان بھی گرے تو سیدھا دوسرے مکان پر گرتا ہے اور دوسرا مکان تیسرے پر ـــــــ اور اس طرح ایک مکان کے گرنے سے ایک ساتھ تین چار مکان گر جاتے ہیں۔ جیسے بچھڑے ہوئے اہلِ محبت ایک دوسرے پر بوسے ثبت کر رہے ہوں۔

اور چونکہ یہ قدیم مکان ہیں۔ اس لئے عام طور پر گرتے رہتے ہیں۔ اگرچہ ان کا گرنا بدشگونی سمجھا جاتا ہے۔ کیونکہ یہ دہلی کے قدیم کلچر کی یادگار ہیں انہیں محفوظ رکھنے کے لئے برابر اینٹیں اور پلستر لگائے جاتے ہیں۔ اس کلچر کو محفوظ کرنے کے سلسلہ میں قربانیاں بھی دی جاتی ہیں اور ہر سال مکان گرنے سے بہت سے لوگ ملبے کے نیچے آکر شہید ہو جاتے ہیں۔

جب یہ قدیم مکان ملبے بن جائیں گے، دہلی کا قدیم کلچر بھی ملبہ بن جائے گا اور انشاء اللہ وہ دن بہت جلد آ رہا ہے۔

کوٹھیاں اور بنگلے ـــــــ

مکانوں کی دوسری قسم کوٹھیاں اور بنگلے ہیں ان کی طرز تعمیر میں یہ خیال رکھا جاتا ہے کہ ان میں مصری، ایرانی، امریکی۔ فرانسیسی، روسی، جاپانی،

افریقی رُوح نظر آئے۔ مگر ہندوستان ہرگز نظر نہ آئے۔ اس کی وجہ یہ ہے کہ ہندوستان کی رُوح مفلس ہے اور یہ کوٹھیاں اور بنگلے امیر لوگ بنواتے ہیں اور وہ نہیں چاہتے کہ ان پر مفلس ہندوستان کا سایہ پڑے۔ اس لئے وہ اپنی کوٹھیاں مفلس عوام کی "چشمِ بد" سے دور شہر کے باہر بنواتے ہیں۔ اگر ان کا بس چلے تو وہ اپنی کوٹھیاں شہر کے باہر ہی نہیں، ہندوستان سے بھی باہر تعمیر کروائیں!

عوام سے دُور شہر سے باہر کوٹھیاں بنوانے کا رُجحان آہستہ آہستہ اتنا زیادہ بڑھ گیا ہے کہ شہر کے باہر کوٹھیوں اور بنگلوں کا ایک اور شہر بن گیا ہے۔ اور یہ بڑے لوگ بہت پریشان ہیں کہ اب کیا کریں۔ وہ اس دوسرے شہر سے بھی باہر جنگلوں کی طرف بڑھ رہے ہیں تاکہ عوام سے دُور اور فطرت کے نزدیک جا بسیں۔ لیکن وہ جوں جوں جنگلوں کی طرف بڑھ رہے ہیں، شہر ان کا پیچھا کر رہا ہے۔ چنانچہ اب دہلی کے اردگرد جنگل اور پہاڑ نام کی کوئی چیز باقی نہیں رہی۔ جنگل اور پہاڑوں میں کوٹھیاں اور بنگلے نمودار ہو گئے ہیں۔ فطرت غائب ہو گئی ہے۔ افلاس اور سرمایہ کی ریس نے فطرت کو روند ڈالا ہے، مار ڈالا ہے، فنا کر دیا ہے۔

ان کوٹھیوں میں وہی لوگ رہتے ہیں جو دہلی (بلکہ ہندوستان) پر راج کرتے ہیں۔ کار، بُل ڈاگ، ہرے ہرے لان، برقی قمقمے، مصوروں کے قیمتی شاہکار، ریشم و کمخواب، دودھ اور چاندنی میں دُھلی ہوئی عورتیں، ڈرائینگ رُوم، سلیپنگ رُوم، ریڈنگ رُوم، ویٹنگ رُوم، ڈائینگ رُوم، ——— پنگ پانگ رُوم، چلڈرن رُوم۔ ڈانس رُوم۔ انگریزی میں ہنسنا، رونا، لڑنا، عشق کرنا ——— غرض راج کرنے کے لئے جن چیزوں کی ضرورت ہے وہ

سب ان کوٹھیوں میں جمع کرلی جاتی ہیں۔ ان سب نعمتوں کے لئے روپیہ کہاں سے آتا ہے؟ یہ رائل فیملی کے شہزادے ہی جانیں، کیونکہ یہ ان کا "ٹریڈ سیکرٹ" (TRADE SECRET) ہے۔

ہاں! دہلی میں ایک افواہ ضرور پھیلی ہوئی ہے کہ یہ سب نعمتیں وہی لوگ مہیا کرتے ہیں جن سے یہ شہزادے بھاگ کر جنگلوں کی طرف بڑھتے اور کوٹھیاں بناتے جارہے ہیں۔

یہ کوٹھیاں اور بنگلے کرایہ پر لی جاتے ہیں لیکن ان میں صرف وہی کرایہ دار رہتے ہیں جو خود بھی رائل فیملی سے تعلق رکھتے ہیں کیونکہ ان کا کرایہ بھی شاہی ہوتا ہے۔ کہتے ہیں ایک بار ایک سرکاری افسر نے جس کی تنخواہ ایک ہزار روپے ماہانہ تھی، ایک کوٹھی ایک ہزار روپیہ ماہانہ کرائے پر لے لی۔ وہ اپنی تنخواہ کرایہ میں دے کر کوٹھی کے باہر بیٹھ گیا اور ہر راہ چلتے کے سامنے ہاتھ پھیلا کر کہنے لگا — "بابا! خدا کے نام پہ ایک پیسہ دے دو۔ بھوکا ہوں۔"

لیکن شام تک اسے بھیک میں ایک پیسہ تک نہ ملا۔ کیونکہ ہر راہ چلتے نے یہی سمجھا۔ ایسا سوٹڈ بوٹڈ آدمی بھکاری نہیں ہوسکتا۔ مذاق کر رہا ہے۔

عوام کے مکان —————•

دہلی عوام کا شہر بھی ہے۔ اس لئے ان کے مکان بھی ہیں، ان کے مکانوں کی وہی ساخت ہے جو عوام کی اپنی ساخت ہے۔ عوام بھوک کے مارے ہیں۔ اس لئے ان کے مکان بھی یوں دکھائی دیتے ہیں جیسے صدیوں

سے بھوک ہڑتال پر ہیں۔

عوام کے مکان عوام کے کلچر کو ظاہر کرتے ہیں۔ اس لئے ان کی تعمیر کے وقت بھی عوام کے کلچر کا خاص دھیان رکھا جاتا ہے۔ ایک کمرہ، ایک رسوئی۔ ایک باتھ..... (مگر نہیں، باتھ رُوم کا کام رسوئی سے بھی لیا جاسکتا ہے) اور بس ـــــ اس سے زیادہ کی عوام کا کلچر اجازت نہیں دیتا۔ اگر کسی عام آدمی کے پاس ایک کی بجائے دو کمرے ہوں تو اس کی بیوی یہ کہہ کہہ کر اس کی نیند حرام کر دیتی ہے کہ یہ دوسرا کمرہ کرائے پر اُٹھا دو۔ ہماری ضرورت سے زیادہ ہے۔ اور کچھ نہیں تو اس کرایہ سے بچوں کی نیکریں اور قمیض ہی بن جائیں گی۔

عوام شاستروں کی انویائی ہیں۔ اس لئے ان کے مکان بھی شاستروں کا ترجمہ معلوم ہوتے ہیں۔ ان مکانوں سے صبر و قناعت ٹپکتی ہے۔ حرص و ہوا کا ادھر کبھی گزر نہیں ہوتا۔ اکڑفوں اور جھوٹا غرور انہیں چھو تک نہیں گیا۔ ایک پاخانہ پندرہ عوامی کنبوں کے لئے کافی ہے۔ ایک غسل خانہ میں دس دس گھرانے اشنان کر لیتے ہیں۔ ایک ہی کمرہ میں چارپائیاں، کرسیاں، الماری، ٹرنک، ریڈیو سیٹ، انگیٹھی، جوتے، کتابیں، برتن ـــــ ہر چیز سما جاتی ہے۔ کیونکہ عوام کی تھیوری یہ ہے کہ دل بڑا ہونا چاہیئے۔ مکان نہیں۔ دل بڑا ہے تو اس میں کرسیاں بھی رکھی جاسکتی ہیں اور پانی کی بالٹیاں بھی ـــــ کئی لوگوں نے تو اپنے دل میں بچوں کے لئے پلے گراؤنڈ تک بنا رکھے ہیں۔ جسے دیکھ کر وہ خدا کا شکر بجا لاتے ہیں جس نے انہیں صوفہ سیٹ عطا نہیں کیا ورنہ وہ اسے کہاں رکھتے!

عوام کے ان مکانوں کی ایک اور کلچرل خصوصیت ہے وہ یہ کہ ان مکانوں کے ناموں میں تکلف اور جھوٹ روا نہیں رکھا گیا۔ یعنی عوام نے

اپنے مکانوں کے "شیش محل" "پریم بھون" "قصر احمر" "آرام منزل" "عشرت کدہ" جیسے شان دار نام نہیں رکھے بلکہ ان کے مکانوں کے نام ہندسوں پر رکھے گئے ہیں۔ بلاک نمبر آٹھ کوارٹر نمبر پندرہ ——— چوبیس نمبر، اٹھائیس نمبر، پچاس نمبر ——— ان سیدھے سادے، غیر پیچیدہ ناموں سے عوام کو ایک فائدہ یہ ہوا کہ عوام کو اب اپنے نام رکھنے کی ضرورت نہیں رہی یعنی اگر کسی کا نام گھنشیام لال ہے تو اسے گھنشیام لال کے نام سے نہیں پکارا جاتا۔ بلکہ یہ کہا جاتا ہے، اٹھارہ نمبر والا آیا تھا۔ کہتا تھا، بائیس نمبر والے کی بیوی اس کے تکیے کا غلاف چرا کر لے گئی ہے۔ ہم نے چھبیس نمبر والے سے اس کی شکایت کی تو آٹھ نمبر والا باہر نکل آیا اور اس کی بے جا حمایت کرنے لگا۔

یعنی عوام کا کوئی نام نہیں رہا، مکانوں کا نام ہی باقی رہ گیا ہے ——— عوام اب اپنے مکان کے نام ہی سے پہچانے اور پکارے جاتے ہیں۔ عوام اب انسان نہیں رہے، مکان ہو گئے ہیں۔ عوام اور مکان میں بھید بھاؤ مٹ گیا ہے اور "تو من شدی، من تو شدم" کے مصداق ایک دوسرے میں ضم ہو گئے ہیں۔ بالکل ایسے ہی جیسے آتما، پرماتما میں مل جاتی ہے اور یہ عوام کے کلچر کی وہ بلند ترین منزل ہے جہاں سے خدا صرف ایک آدھ انچ آگے رہتا ہے۔

سلم ایریا کی جھونپڑیاں ———•

دہلی میں سلم ایریا کی جھونپڑیاں ہزاروں کی تعداد میں ہیں۔ ان کا کوئی طرز تعمیر نہیں۔ یہ خودرو پودوں کی طرح اگتی ہیں اور خود بخود مرجھا جاتی ہیں یہ عام طور پر گندے نالوں، نشیبی علاقوں اور جھاڑ جھنکاڑ کے آس پاس بنائی

جاتی ہیں۔ بظاہر یہ دہلی کے ماتھے پر داغ معلوم ہوتی ہیں لیکن اس داغ کے بغیر دہلی کا ماتھا مکمل نہیں ہوتا۔ اِس لئے جب دہلی کے ماتھے کو صاف کرنے کے لئے ایک جھونپڑی گرائی جاتی ہے تو دو نئی جھونپڑیاں جنم لے لیتی ہیں دہلی کے مہذّب حُکّام کا خیال ہے کہ جب تک ان جھونپڑیوں میں رہنے والوں کو ختم نہیں کیا جائے گا، یہ جھونپڑیاں ختم نہیں ہوسکتیں۔ لیکن جھونپڑیوں والے چونکہ سماج کی تہذیب کی کوکھ سے جنم لیتے ہیں اس لئے وہ ختم نہیں ہو سکتے۔ کیونکہ تہذیب کی کوکھ کو بانجھ کرنا کسی کے بس کا نہیں۔

یہی وجہ ہے کہ تہذیب کے نمائندے ان جھونپڑیوں کو ہمیشہ زندہ رکھتے ہیں۔ انہیں پانی، بجلی اور نالیاں مہیّا کرتے ہیں۔ انہیں ووٹروں کی فہرست میں شامل کر لیتے ہیں۔ ان کے ہاں سکول تک کھول دیتے ہیں۔ کبھی ان کے حق میں اور کبھی ان کے خلاف آواز اُٹھاتے رہتے ہیں تاکہ یہ غلاظت قائم رہے، زندہ رہے۔ کیونکہ جمہوریت کو زندہ رکھنے کا یہی تقاضا ہے کہ کوٹھیاں اور جھونپڑیاں دونوں ساتھ ساتھ جلتی رہیں اپنا اپنا سٹیٹس قائم رکھیں۔ ایک دوسرے کی طرف نگاہِ بد سے نہ دیکھیں۔

دہلی کے ایک بہت بڑے نیتا نے ایک بار انہی جھونپڑیوں کو دیکھ کر کہا تھا —— "مَیں جب ان جھونپڑیوں کی طرف دیکھتا ہوں تو میری آنکھوں سے آنسو بہہ نکلتے ہیں۔"

چُنانچہ انہیں ایک رومال پیش کر دیا گیا جس سے انھوں نے اپنے آنسو پونچھ لیئے اور پونچھنے کے بعد عوام کے ہاتھ بیچ دیا۔

اُوٹ پٹانگ

جب ہم چھوٹے تھے

جب ہم چھوٹے سے تھے تو کافی اوٹ پٹانگ باتیں سوچا کرتے تھے مثلاً یہ کہ کوہ ہمالیہ کو اٹھا کر بحر ہند میں پھینک دیں گے اور بحر ہند کو خشک کر کے وہاں گیہوں اُگا دیں گے۔ نجانے ہم گیہوں اُگانے کی بات کیوں سوچتے تھے؟ حالانکہ انگور بھی اُگا سکتے تھے۔ لیکن گاؤں کا نمبردار کہتا تھا کہ گیہوں کے اردگرد ہی ہر چیز گھومتی ہے۔ نمبردار کی گھوڑی، پٹواری کی سلکی پگڑی، پجاری کے ماتھے کا تلک، تحصیلدار کا چابک ہر چیز گیہوں کے گرد رقص کرتی ہے حتیٰ کہ کوہ ہمالیہ بھی گیہوں کے بیج سے ہی اُگا تھا۔

لہذا ہمارے دل و دماغ پر گیہوں کی خاصی دھاک بیٹھی ہوئی تھی۔ ہمالیہ سے بھی زیادہ، بحر ہند سے بھی زیادہ، نمبردار کی گھوڑی سے بھی زیادہ۔

ایک مرتبہ ہماری والدہ محترمہ نے ہمیں گیہوں کی بجائے باجرے کی روٹی پیش کی۔ہم نے سوچا (یعنی اوٹ پٹانگ سوچا) کہ یہ تو ڈوب مرنے کا مقام ہے۔ اگر ہمیں گیہوں کی روٹی نہ ملی تو ہم کوہ ہمالیہ کو کس طرح اٹھا کر پھینکیں گے۔ چنانچہ ہم نے باغیانہ اعلان کر دیا کہ ہم باجرے کی روٹی نہیں کھائیں گے۔

والدہ محترمہ نے ہمیں تھپڑ عرض کیا (ہم والدہ کو بھی اٹھا کر سمندر میں پھینک دیں گے) اور فرمایا "اے ناہنجار لڑکے! گیہوں ملتی ہی کہاں ہے؟ اتنی مہنگی تو ہو گئی ہے"

"گیہوں کیوں مہنگی ہو گئی؟"

"کیونکہ رام دھنی گوالے کی گائے مر گئی ہے"

گائے کی موت کا گیہوں کی مہنگائی سے کیا تعلق ہے؟ عجیب اوٹ پٹانگ دنیا ہے۔کل یہ لوگ کہیں گے رامو کمہار کا گدھا مر گیا ہے۔اس لئے کپڑے مہنگے ہو گئے ہیں یا ماسٹر صاحب رام کی نوجوان لڑکی اپنے عاشق کے ساتھ بھاگ گئی ہے اس لئے گوردھن درزی نے سلائی کے ریٹ بڑھا دئے ہیں ہمیں ایسی دنیا پر بڑا غصہ آجاتا اور ہم سوچا کرتے کہ ایسی اوٹ پٹانگ دنیا کو بدل کر رکھ دیں گے۔

مگر والدہ محترمہ نے ہمیں سمجھایا کہ جب گوالے کی گائے مر جاتی ہے تو دودھ مہنگا ہو جاتا ہے اور جب دودھ مہنگا ہوتا ہے تو گوردھن درزی کا خرچہ بڑھ جاتا ہے اور وہ سلائی کے دام بڑھا دیتا ہے اور جب رحیم بخش کسان سلائی کے دام زیادہ دیتا ہے تو وہ گیہوں کا نرخ بڑھا دیتا ہے اور جب گیہوں کا نرخ بڑھتا ہے تو ماسٹر صاحب رام اپنی نوجوان لڑکی کو خوبصورت

کپڑے سِلا کر نہیں دے سکتا اور وہ عاشق کے ساتھ بھاگ جاتی ہے۔ کیونکہ عاشق چھوکرا اس زمیندار کا بیٹا ہے جس کا باپ گیہوں پیدا کرتا ہے اور مہنگے داموں بیچتا ہے اور اتنے زیادہ روپے کما لیتا ہے جس سے گاؤں بھر کی نوجوان حسینائیں خوبصورت سلمے ستارے والے لباس پہن سکتی ہیں اس کا لڑکا چاہے تو ان تمام حسیناؤں کو بھگا کر لے جا سکتا ہے۔

اور یہ سوچ سوچ کر ہمیں بڑا غصہ آتا اور ہم سوچا کرتے کہ جب ہم بڑے ہوں گے تو گیہوں کے اس سارے نظام کو اتھل پتھل کر کے رکھ دیں گے وہ نظام جس میں نمبر دار کی گھوڑی، کمہار کے گدھے پر دھونس جماتی ہے اور ماسٹر صاحب رام کی نوجوان لڑکی کا عشق گیہوں کی بالی کے ساتھ اٹکا ہوا ہے میں اور ماسٹر صاحب مل کر بحرِ ہند میں گیہوں اُگایا کریں گے تاکہ اس کی نوجوان لڑکی بھاگ نہ جایا کرے۔

غرض گیہوں کی ہم پر دھاک بھی بیٹھی ہوئی تھی اور گیہوں کے خلاف ہم بغاوت کے پلان بھی بنایا کرتے تھے۔

جب ہم بڑے ہوئے

لیکن قسمت کا لکھا یا فطرت کی شرارت کہ ہم زیادہ دیر تک چھوٹے نہ رہ سکے اور اچانک ایک دن معلوم ہوا کہ ہم بڑے ہو گئے ہیں اور یہ بھی معلوم ہوا کہ ہم جھک مارا کرتے تھے اور ہمالیہ کو اٹھا کر پھینکنا تو ایک طرف ہمارے پاس ہمالیہ تک جانے کا بھاڑا بھی نہیں ہے اور بحرِ ہند میں ہم گیہوں نہیں اُگا سکتے کیونکہ اس سمندر میں بین الاقوامی بحری ڈاکو گھومتے ہیں اور سمندر صرف ڈوب مرنے یا لوٹ مار کے لئے ہوتے ہیں، گیہوں اُگانے کے لئے

نہیں اور میں اور ماسٹر صاحب رام اگر دونوں مل کر بھی کوئی ایڈونچر کرنا چاہیں تو زیادہ سے زیادہ یہ کر سکتے ہیں کہ پٹواری کے خلاف محکمۂ مال کے افسر کے پاس ایک شکایتی درخواست دے سکتے ہیں کہ اس کی سلکی پگڑی میں کسان کا خونِ ناحق لگا ہوا ہے اور یہ درخواست اکثر داخل دفتر کر دی جاتی ہے۔ کیونکہ محکمۂ مال کا افسر بھی سلکی پگڑی باندھتا ہے اور ایک سلکی پگڑی دوسری سلکی پگڑی کو سزا نہیں دے سکتی۔

اور پھر ہم نے یہ بھی معلوم کیا کہ دنیا گیہوں کے نظام کے گرد نہیں گھومتی بلکہ زر و سیم کے نظام کی غلام ہے۔ دھرتی کی کوکھ سے جو کچھ پیدا ہوتا ہے گیہوں، چاول، مکی، انگور، کیلا، تانبہ، پیتل، لوہا، سونا، تیل، گنا، روئی حتیٰ کہ بینگن اور آلو، یہ سبھی چیزیں مل جل کر اس دنیا کو گھماتی، چکراتی رہتی ہیں۔ یہ چیزیں ہی ہمالیہ اور بحرِ ہند اور صحرائے گوبی کی مالک ہیں اور جس کے پاس بھی یہ چیزیں ہیں وہی اس دنیا کا مالک ہے، وہی اس دنیا کو اُلّو بھی بناتا ہے اور دانش مند بھی۔ وہ اگر چاہے تو پٹواری کو موقوف کر دے یا اس کے سر پر سلکی پگڑی باندھ دے۔ اسی کے حکم سے ماسٹر صاحب رام کی نوجوان لڑکی اپنے عاشق کے ساتھ بھاگ جاتی ہے اور اسی کے حکم سے ہماری والدہ ہمیں کھیپڑ لگاتی ہے اور باجرے کی روٹی کھلا کر ہمارا سوشل مرتبہ گرا دیتی ہے (اور من ہی من میں روتی ہے)۔

لہٰذا پہلے ان چیزوں پر قبضہ کرنا چاہیے۔

بس اسی اوٹ پٹانگ سوال کے اوٹ پٹانگ جواب پر ہمارے اوٹ پٹانگ خواب کی تعبیر کا انحصار تھا اور ہم نے اسے لڑکپن کے غصیلے سے نہیں بلکہ بڑپن کی سنجیدگی کے ساتھ اس پر غور کرنا شروع کیا تو ہماری

بیوی نے آکر کہا "جہنم میں جائے تمہارا ہمالیہ اور بحرِ ہند۔ گھر میں آٹا نہیں ہے۔ پہلے آٹے کا بندوبست کرو اس کے بعد اس دنیا کے نظام کو بدلنا۔"

اور جب ہم آٹے کا بندوبست کرنے میں مصروف تھے تو ہسپتال سے اعلان ہوا کہ "تمہارے یہاں ایک لڑکا پیدا ہوا ہے۔ اس کے لئے قمیص، رومال اور جوتے کا بندوبست کرو۔"

اس کے بعد ہسپتال سے پے در پے تین بار ایسے اعلان کئے گئے۔ ہم بور ہو گئے، ہم بے بس ہو گئے۔ ہم تھک ہار گئے۔ رگوں میں لہو کم ہونے لگا۔ آنکھوں کی روشنی مدھم ہونے لگی۔ پاؤں میں سکت گھٹنے لگی صبح سے شام اور شام سے صبح آٹے، جوتے، قمیص، کرسی، تیل، گھی، کبھی کبھار دودھ وغیرہ اشیاء کا بندوبست کرتے گزرنے لگے اور کبھی کبھی صرف سرد آہ کے ساتھ، نظر جھکا کر بلکہ شرما کر ہمالیہ کی طرف بھی دیکھ لیتے جو بدستور سرِ غرور بلند کئے کھڑا رہتا تھا اور ہمیں طنزاً بلاوا دیا کرتا تھا "ابے لونڈے! آؤ نا مجھے اٹھا کر بحرِ ہند میں کیوں نہیں پھینکتے۔ میں آخر کب تک تمہارا انتظار کروں گا؟"

جب ہم سوچنے لگے

اور تب خیال آیا کہ عمر تھوڑی ہے، کام بڑا ہے اور یہ خدا کی سازش ہے کہ اس نے ہمیں بہت تھوڑی عمر عطا کی تاکہ عمر کا کچھ حصّہ خواب دیکھنے میں گزر جائے۔ کچھ حصّہ دال، آٹا اور جوتے کا بندوبست کرنے میں اور باقی حصّہ مصنوعی دانت لگوانے، آنکھوں پر چشمہ فٹ کروانے اور کھانسی کی

گولیاں کھانے میں گزر جائے ——— اگر خدا چاہتا تو ہمیں موجودہ عمر سے دس گنا زیادہ عمر دے سکتا تھا تاکہ ہم دھرتی کی کوکھ سے پیدا ہونے والی اشیاء پر قبضہ کر لیتے اور ان کی تقسیم کچھ ایسے خوبصورت ڈھنگ سے کرتے کہ جب رام داس گوالے کی گائے مر جاتی تو گیہوں مہنگا نہ ہو جاتا اور ننھو کمہار کو سنگی پگڑی مل جاتی اور کسان کا خونِ ناحق محکمۂ مال کے افسر کے حلق سے ہی نہ اتر سکتا اور اگر اتر بھی جاتا تو اندر جا کر رگ و پے میں دھاندلی مچا دیتا اور وہ چیختا چلاتا ہوا ماسٹر صاحب رام کے پاؤں پر آ گرتا اور کہتا۔ "ماسٹر جی! آپ کی نوجوان لڑکی سے میں عشق کرتا ہوں۔ براہ کرم مجھے اس سے عشق کرنے کی اجازت دے دیجیے۔ اسے چابک سے مت ماریئے"۔

مگر پھر خیال آتا ہے۔ عمر کا بھی ایک بہانہ ہی ہے۔

تاریخ کو کھنگالا تو دیکھا کہ صرف ایک انسان نہیں بلکہ کئی انسانوں کی کتنی عمریں اس سیم و زر کے نظام کو بدلنے پر صرف ہوتی رہیں لیکن اس نظام کے کیریکٹر میں کوئی نقص ہے یا اس نظام کی نیت کھوٹی ہے کہ یہ بدلتا ضرور ہے مگر چیونٹی کی سی چال کی طرح۔ اس کی رفتار اتنی مدھم ہے کہ ایک انسان نے ستر برس کی عمر تک صرف ایک پتھر کھسکایا اور دوسرے انسان نے مزید ستر برس لگا کر اس پتھر کو توڑا، پھر تیسرا انسان، چوتھا، پانچواں۔ پھر تیسرا اور چوتھا اور پانچواں پتھر، ایک نسل سے دوسری نسل تک۔ دوسری سے تیسری، چوتھی اور پانچویں تک ——— بار بار اور پیہم اس نظام کے پتھر کو نئی شکل و صورت دینے میں مصروف رہے۔ پتھر کے زمانے سے ہم ایٹم کے زمانے تک آ پہنچے۔ لیکن اس کے باوجود تبدیلی کا یہ عالم ہے کہ آج بھی کسلم ایریا کا ایک مزدور چیخ اٹھتا ہے —— "ہمارے گھر میں پانی کا نل تک نہیں

ہے، بجلی کا ایک بلب تک نہیں، جس کی روشنی میں بیٹھ کر ہم پڑھ سکیں؟

اور اس چیخ کے جواب میں پولیس لاٹھی اور گولی لے کر آجاتی ہے اور کہتی ہے ”خبردار! جو زیادہ بک بک کی، ورنہ نقصِ امن میں تمہیں ہتھکڑی پہنادیں گے۔“

کیا آج بھی ہم نہیں سُنتے کہ محکمۂ مال کا فلاں افسر ایک لاکھ روپے رشوت کھاکر عیش کر رہا ہے اور ماسٹر صاحب رام ٹیچر گورنمنٹ ہائر سیکنڈری اسکول کی نوجوان لڑکی کو کالج میں داخلہ نہیں مل سکا، کیونکہ اس کے نمبر کم تھے اور نمبر اس لئے کم تھے کہ اسے مناسب خوراک اور مناسب لباس میسر نہیں آتا تھا ——— اس لئے کوئی وجہ نہیں کہ وہ نوجوان لڑکی اپنے گھر سے بیزار ہوکر کسی عاشق کے ساتھ بھاگ نہ جائے۔

ہم آج بھی پٹواری کی سِلکی پگڑی پر اعتراض نہیں کرسکتے — کیونکہ پٹواری نے جب کسان کے خونِ ناحق سے سِلک کا تھان خریدا تھا تو آدھا تھان تحصیلدار کو بھیج دیا اور جب فکر تونسوی نے اس تحصیلدار کی شکایت کی تو ڈپٹی کمشنر نے فکر تونسوی کو یہ کہہ کر جیل بھجوا دیا کہ اس کے قبضہ سے ناجائز افیون برآمد ہوئی ہے۔

جب ہم ہنسنے لگے ———

افیون ناجائز ہے، ڈپٹی کمشنر ناجائز ہے، رام داس کی گائے ناجائز ہے، ہمسائیہ کی طرف آنکھ اٹھاکر دیکھنا ناجائز ہے، عشق ناجائز ہے، حُسن ناجائز ہے۔ غرض سارے کا سارا نظام ناجائز ہے اور جائز کیا ہے؟ خاموشی سے باجرے کی روٹی کھائے جانا، لیمپ کے نیچے بیٹھ کر مطالعہ

کرتے رہنا، نمبردار اور ٹھیکیدار کی گالیاں کھاتے اور سہتے رہنا تاکہ پیٹ کے اندر جو دوزخ ہے، اسے تھوڑا بہت ایندھن ملتا رہے۔ ساری دُنیا اس ایندھن کی تلاش میں سرگرداں ہے کیونکہ دھرتی کی کوکھ سے پیدا ہونے والی سب چیزوں پر چند اشخاص نے قبضہ کر رکھا ہے اور اس قبضے کو قانون، دھرم، کلچر اور دیش بھگتی کے نام پر منصفانہ قرار دیا جارہا ہے۔ کبھی کبھی کوئی فکر تونسوی اس قبضے کو چیلنج کرنے کے لئے اٹھتا ہے تو اس پر گیہوں کے دروازے اس لئے بند کر دئے جاتے ہیں کہ اسے شیطان نے بہکا دیا ہے۔

گیہوں کی شیطانی، جس کے اِردگرد سارا نظام گھومتا ہے۔

پیٹ، جو اس سارے نظام کو چار و ناچار قائم رکھے ہوئے ہے۔

اور مجھے اس وقت بے ساختہ ہنسی آتی ہے جب میرا بیٹا کبھی کبھی بڑے انقلابی لہجے میں بڑی اوٹ پٹانگ بات کرتے ہوئے کہتا ہے —— "ڈیڈی! یہ کیسا نظام ہے؟ مجھے ہرگز پسند نہیں۔ میں اسے بدل کر رکھ دوں گا۔ میں ہمالیہ پربت کو اٹھا کر بحرِ ہند میں پھینک دوں گا اور بحرِ ہند کو خشک کر کے اس میں گیہوں اُگا دوں گا!"

ایڈیٹر کے نام لَو لیٹرز

روزنامہ "دیش دروہی" گذشتہ پندرہ برس سے عوام کی باتوَث اور بے اَرث دونوں قسم کی خدمت کر رہا ہے۔ ان خدمات سے متاثر ہو کر عوام اکثر و بیشتر ایڈیٹر کو اپنے لَو لیٹرز بھیجتے رہتے ہیں۔ ان لَو لیٹرز میں ایڈیٹر کے لئے تفریحِ طبع کا سامان زیادہ ہوتا ہے اِس لئے قارئین کی تفریح طبع کے لئے ان میں سے چند خطوط پیش کر رہا ہوں۔ ایڈیٹر سے رسمی اجازت بھی نہیں لی گئی۔ کیونکہ وہ عوام اور لَو —— دونوں کے بارے میں بڑا سینسیٹو (SENCITIV) ہے +

گالیاں دے کے

ابے او ایڈیٹر کے تخم!

میرے خیال میں تو گیدڑ کی اولاد ہے! میں ہر روز تیرا اخبار پڑھ کر

اس پر تھوکتا ہوں اور پھر میونسپلٹی کے اس کوڑا دان میں پھینک دیتا ہوں۔ جس میں لوگ گلے سڑے گندے چھلکے اور کنواری ماؤں کے مردہ بچے پھینکتے ہیں۔ کل تمہاری ماں چوراہے پر دوہتڑ مار مار کر سیاپہ کر رہی تھی ——— ہائے رے لوگو! مجھ ابھاگن نے ایسے ناہنجار بیٹے کو کیوں جنم دے دیا، جو اخبار کو طوائف سمجھ کر چکلے میں چلاتا ہے۔ کاش! چکلے کو جنم دینے کی بجائے میری کوکھ بانجھ ہو جاتی!

اور سن! یہ میرا چودھواں خط ہے! اگر مجھے اس کا بھی جواب نہ ملا تو میں سمجھوں گا، تیرا سینہ انسانیت کا قبرستان ہے، رذالت تجھے اپنے باپ سے ورثے میں ملی ہے۔ اپنے باپ کو مزید گالیوں سے بچانا چاہتے ہو تو جواب دے دو، ورنہ پندرھویں خط کا انتظار کرو! پھوں، پھاں، پھیں!

تمہارا —
(میرا نام گذشتہ خطوط میں سے دیکھ لو)

تعریف اُس خُدا کی ———

مُحترم و مُعزز و مُوقر ایڈیٹر "دیش ودیشی" صاحب!

آپ کے مُحترم و مُعزز و مُوقر اخبار کے "ہولی نمبر" کا اعلان پڑھ کر ہمارا سارا شہر پھولا نہیں سمایا۔ کیونکہ اسی اعلان پر بھروسہ کر کے سارا شہر ہولی مناتا ہے۔ اگر آپ یہ اعلان نہ کرتے تو ہولی کا سارا مزہ کرکرا ہو جاتا۔ اہلِ ذوق کی متفقہ رائے ہے کہ ہولی کی شان صرف آپ کے اخبار ہی کے

دم سے قائم ہے!

جیسا کہ آپ گذشتہ کئی برسوں سے دیکھتے آ رہے ہوں گے، میں صرف تہواروں ہی پر اپنی نظمیں آپ کو بھیجتی رہی ہوں۔ لوہڑی، دیوالی، دسہرہ یہاں تک کہ پندرہ اگست کو بھی ایک موسمی تہوار سمجھ کر نظم لکھ دیتی ہوں، کیونکہ تہواروں پر لکھنا میری ہابی ہے۔ گذشتہ پندرہ اگست پر میں نے جو نظم "چودہ اگست کی رات" آپ کو ارسال کی تھی۔ یاددہانی کے لئے اس کی نقل پھر بھیج رہی ہوں۔ یاد رہے کہ آپ نے یہ نظم نہیں چھاپی تھی بلکہ صرف میرا فوٹو چھاپ دیا تھا اور لکھا تھا کہ ہم اپنے اخبار میں صرف حسین چیزیں چھاپتے ہیں ——— میں آپ کے حسنِ نظر کی داد دیتی ہوں۔ اور اس بار فوٹو کے ساتھ ہولی پر نظم بھی بھیج رہی ہوں مقابلہ کڑا ہے، دیکھیں آپ کی نگاہِ انتخاب کس پر پڑتی ہے!

میں اور میری سہیلیاں نظم چھپنے کی منتظر ہیں۔

آپ کی
زینت آرائے جہاں

تیری شان جلّ جلالہٗ ———

جناب ایڈیٹر صاحب آف "دلیش درو ہی"
کوچہ درویشاں سے چھپنے والا!

میں ہر روز آپ کا اخبار باقاعدگی سے نتھو حلوائی کی دکان پر پڑھتا ہوں بلکہ کئی بار آپ کے ایڈیٹوریل مضامین چوری چھپے پھاڑ کر گھر بھی لے جاتا ہوں اور اپنی بیوی بچوں کو سناتا ہوں۔ وہ انہیں کتھا پاٹھ کی طرح

بہت عقیدت سے سنتے ہیں۔

میرا اندازہ ہے (اور میرا اندازہ کبھی بدنصیبی ہی سے غلط ہوتا ہے) کہ آپ کو "دیش بدیش" کے متعلق کافی معلومات حاصل ہیں۔ براہ کرم اپنے بیش قیمت لمحات میں سے تھوڑا سا وقت نکال کر مجھے مندرجہ ذیل معلومات بہم پہنچانے کا کشٹ کریں۔

۱۔ آپ کے اخبار میں ڈینٹل کریم کا اشتہار چھپا ہے، کیا آپ نے اُسے استعمال کیا ہے؟ کیا وہ کریم عمدہ ہے؟ اگر عمدہ ہے تو آپ اس میں کتنے فی صدی رعایت دلوا سکتے ہیں؟ تھوک اور پرچون دونوں میں ——

۲۔ آپ نے پرسوں ایک مضمون میں لکھا تھا کہ راجاؤں نے اپنے ہاتھیوں کو باہر نکال دیا ہے اور وہ ہاتھی یتیموں کی طرح دھکے کھاتے پھرتے ہیں —— یہ ہاتھی کس شہر میں دھکے کھاتے پھرتے ہیں؟ اس شہر کا نام لکھئے، مَیں ان میں سے ایک ہاتھی کو اپنے گھر لانا چاہتا ہوں کیونکہ مجھے یتیم پالنے کا بڑا شوق ہے!

۳۔ رشوت لینے کی سیدھی سادی تکنیک کیا ہوتی ہے؟ آپ کو تو معلوم ہی ہوگی۔ میں ایک غریب کلرک ہوں۔ مہنگائی نے کمر توڑ دی ہے رشوت لے کر عزّت سے زندگی گنوانا چاہتا ہوں۔

۴۔ آپ کے احباب کا حلقہ بہت وسیع ہوگا۔ یقیناً ہزاروں پر مشتمل ہوگا۔ کیا آپ اپنے حلقے میں سے کوئی شادی کے قابل لڑکا تلاش کر سکتے ہیں؟ لڑکا آپ کی طرح انسانیت پرست ہونا چاہیئے —— دراصل میری ایک کنواری لڑکی (عمر اٹھائیس سال) کے لئے کسی

تئیس بتیس (پینتیس بھی بُرا نہ رہیگا) سال کے کنوارے (رنڈوا بھی بُرا نہ رہے گا) لڑکے کی ضرورت ہے۔ لڑکی ہر لحاظ سے سوشیل ہے، صرف ایک آنکھ قدرے پتھر کی ہے۔ اسی لئے میں انسان دوست لڑکا چاہتا ہوں۔ کیونکہ انسان دوست حضرات صرف گن دیکھتے ہیں عیب نہیں! اور پھر بے عیب ذات تو صرف خدا کی ہے!

خاص نوٹ: جب تک ہاتھ لگا کر محسوس نہ کیا جائے، وہ آنکھ دُور سے پتھر کی بالکل نہیں معلوم ہوتی۔

میرے خط میں کوئی گستاخانہ فقرہ آگیا ہو تو معاف کر دیجئے۔ آپ اپنے بلند کیریکٹر کی طرف دیکھئے، میری طرف نہیں!

آپ کا غلام ابنِ غلام
جے۔ ناتھ

یارب، وہ نہ سمجھے ہیں ——

ایڈیٹر جی!

یہ آپ نے کیا غضب کیا؟ میں نے کل چوک بھڑبھونجاں میں جو تقریر کی تھی، وہ تو عوام کے مفاد میں تھی۔ لیکن آپ نے اسے یوں توڑ مروڑ کر شائع کیا کہ وہ عوام کے لئے ضرر رساں ہو گئی۔ میں نے یہ کبھی نہیں کہا تھا کہ میں اس چوک کا جوا خانہ ڈیفنس آف انڈیا ایکٹ کے تحت بند کروا دوں گا۔ میں ایک ذمہ دار انسان یعنی ایم۔ ایل۔ اے ہوں، کوئی ہٹلر یا مسولینی نہیں ہوں کہ جسے چاہوں بند کر دوں، جسے چاہوں رہا کر دوں —— میں نے تو صرف یہ کہا تھا کہ یہ جوا خانہ بند ہو جائے یا

کھلا رہے، تو بھی دیش کی ترقی جاری رہے گی ——— بڑے سے بڑا ڈیفنس آف انڈیا ایکٹ بھی اس ترقی کو نہیں روک سکتا۔

آپ نے ملاحظہ فرمایا؟ کتنا بیّن فرق ہے دونوں میں میری حقیقی تقریر میں پوری جمہوری سپرٹ قائم تھی۔ لیکن توڑ مروڑ کر چھپنے سے عوام میں میرا سارا امیج (IMAGE) برباد ہوگیا۔ حلقے بھر میں کسی کو منہ دکھانے کے قابل ہی نہ رہا۔ بالخصوص جوئے خانے کے مالک شری بھلے شاہ جی نے اس کا بہت برا اثر لیا ہے اور میں سمجھتا ہوں، اس کے برا ماننے میں کوئی برائی نہیں ہے۔ میرے ووٹروں کو حق ہے کہ وہ کسی بھی بات پر برا مانیں۔ جوئے خانے برے نہیں ہوتے۔ صرف ان کے پیچھے جو نیت ہوتی ہے۔ وہ بری ہوتی ہے اور پھر جوئے خانے جبر و استبداد سے نہیں، تہذیب اور شرافت سے بند ہونے چاہئیں۔ آپ سمجھ گئے میرا یہ جمہوری نکتہ؟

براہِ کرم اس کی تردید شائع کرکے میرے مجروح ووٹروں پر پھاہا رکھ دیجیے۔ میں جانتا ہوں یہ حماقت آپ کی نہیں ہو سکتی۔ آپ کے کسی رپورٹر کی ہے۔ نہ جانے اُسے مجھ سے کیا بغض ہے؟

گذارش: کسی دن غریب خانے کا ڈنر قبول فرما کر تشریف لائیے نا! اپنے اس رپورٹر کو بھی ساتھ لائیے گا۔ میرے پاس سکم سے شاہی رم کا سٹاک آیا ہوا ہے۔

پچیس سالہ عوامی خدمتگار:

رام رام بھروسے

جُگ جُگ جیو میرے ... ———

قابلِ عزت ایڈیٹر صاحب بہادر! ——— خدا آپ کو مرنے سے

پہلے اور مرنے کے بعد دونوں وقت جنت نصیب کرے۔ کیونکہ ہم نے آپ کے مقبول عوام و خواص اخبار میں خداوند تعالیٰ کے بھروسے پر اپنی فرم کی تیار کردہ دوائی "مردانہ قوت" کا اشتہار دیا تھا۔ اس کا آپ کے قارئین نے ایسا شاندار استقبال کیا کہ پہلے ہی مہینے میں ہمیں دو ہزار روپے کے آرڈر موصول ہو گئے! نہ جانے آگے آگے کیا ہوگا؟ ——— یہ کامیابی "مردانہ قوت" کی نہیں ہے آپ کے اخبار کی ہے!

اس کامیابی سے مسرور ہو کر ہم نے فیصلہ کیا ہے کہ آئندہ اشتہار کے لئے دُگنی جگہ مخصوص کر دی جائے۔ تاکہ آپ کو اور ہمیں، دونوں کو عوام کی نوازشوں سے فائدہ ہو ——— اس کے علاوہ فرم کی طرف سے آپ کو ایک شایانِ شان عشائیہ دیا جائے۔ تحریر فرمائیے کہ آپ کس دن اور کس وقت عشائیے کی شان میں اضافہ کر سکتے ہیں؟

ایک پیکیٹ "مردانہ قوت" بطور تحفۂ درویش علیحدہ ڈاک سے ارسال کیا جا رہا ہے۔ نتائج سے آگاہ کیجئے اور اس کے بعد ایک سرٹیفکیٹ سے ممنون فرمائیے!

آپ کا احسان شناس:
حکیم اللہ رکھا حاذق

ڈھونڈ اب مجھ کو ———

ایڈیٹر "دلیش درویش" (کتنا واہیات نام ہے) جی!

میں آپ کے اخبار کو معیاری سمجھ کر اپنی تخلیقات ارسال کرتا رہا لیکن یہ میری جہالت تھی۔ کیونکہ میری تخلیقات معیاری تھیں، آپ کا اخبار نہیں۔

(اس غلطی کی تصیح کر لیجیے۔ میں نے کر لی ہے)۔

پہلے میں نے کہانیاں بھیجیں۔ ہر کہانی آپ نے ایک چھپی ہوئی سلِپ چسپاں کرکے لوٹا دی کہ بوجوہ ہم اسے شائع کرنے سے قاصر ہیں۔ وجوہ میں سمجھ گیا کہ کہانیاں گہری اور سمبالک تھیں۔ اس لئے آپ کی ناقص سمجھ میں نہ آئی ہونگی اس لئے میں نے سیدھی سادی نظمیں بھیجیں۔ لیکن آپ نے ان کی تقدیر میں بھی وہی منحوس سلِپ اٹکا دی۔ پھر ڈرامے ـــــــ؟ ہوں! انشائیے... پھال۔ تنقید... آہ آہ!

لیکن آپ کے پاس صرف وہی رپلیں تھیں، معیار نہ تھا۔ اس کے باوجود آپ کی سوجھ بوجھ کا الیوژن مجھ میں زندہ رہا اور میں ابھی اپنا بیش قیمت ناول بھیجنا چاہتا تھا کہ گذشتہ ہفتے کے "ویکلی ورڈ ہی" میں کسی زخمی نامراد آبادی کی نظم "گائے کا گوبر" شاعر اور گائے دونوں کی شانہ بشانہ تصویر کے ساتھ شائع ہوئی تو میری آنکھ کھل گئی۔ کہ اوہو! ان کا معیار تو گوبر سے آگے نہیں بڑھ پایا! اور شکر ہے پاک پروردگار کا کہ میں آپ کے اخبار میں چھپنے سے بال بال بچ گیا!

یہ خط صرف اپنی پوزیشن واضح کرنے کے لئے تحریر کر دیا ہے۔ ورنہ یہ میرا آخری خط ہے۔ میری طرف سے کسی مزید خط یا تعلق کی توقع نہ کریں۔ بلکہ

شعر

ڈھونڈ اب مجھ کو چراغِ رُخِ زیبا لے کر!

آپ کا معیاری دشمن

پٹاخہ انگاروی

مُفت ہوئے بدنام ـــــــــــ

دفتر دربھاگیہ سنگھ صاحب، چیف منسٹر دُرلبھ سٹیٹ

مسٹر ایڈیٹر!

ہمارے آنریبل چیف منسٹر نے مجھے ہدایت کی ہے کہ میں آپ کو یہ ارجنٹ لیٹر لکھ دوں۔ کیونکہ وہ بواسیر کی نئی ایجاد کردہ دوائی کے اُدگھاٹن کے لئے ایک ہل اسٹیشن پر تشریف لے گئے ہیں اور ایک ہفتہ تک اس سرکاری اُدگھاٹن میں مصروف رہیں گے۔

آپ کے اخبار میں ایک کہانی شائع ہوئی ہے جس کے ہیرو کا حُلیہ اور حرکات وسکنات یہاں تک کہ کھانسی تک چیف منسٹر شری دربھاگیہ سنگھ جی سے ملتی ہے۔ کہانی میں ایک محبوبہ بھی سانس لیتی ہے۔ لیکن صرف کہانی میں سانس لیتی ہے۔ چیف منسٹر صاحب کی زندگی میں میلوں تک اس کا کوئی وجود نہیں۔ اس کا عشق نہایت دلگرفتہ قسم کا ہے۔ اس عشق میں چیف منسٹر کا ساوقار ہے نہ تمکنت۔ یہ کہانی پڑھ کر سٹیٹ کے عوام چیف منسٹر صاحب سے سخت مشتعل ہو گئے ہیں اور چیف منسٹر صاحب جواباً آپ پر مشتعل ہو رہے ہیں۔ ان کا خیال ہے کہ آپ کو مسٹر ایڈیٹر! ماشاءاللہ خرید لیا گیا ہے اور یا پھر مسٹر ایڈیٹر! آپ انھیں بلیک میل کرنا چاہتے ہیں تاکہ وہ بھی آپ کو خرید لیں ـــــــ بہر کیف دونوں میں سے جو پوزیشن نیچرل ہو، آنریبل چیف منسٹر کو آگاہ کریں تاکہ آپ کے حق میں یا خلاف مناسب جمہوری کارروائی کی جا سکے۔

نوٹ: آنریبل چیف منسٹر آپ کا اخبار نہیں پڑھتے۔ کیونکہ انھیں عوام کی خدمت ہی سے فرصت نہیں ملتی لیکن بدقسمتی سے آپ کا اخبار

عوام پڑھتے ہیں۔ اس لئے وہ عوام کے اشتعال کو نظر انداز نہیں کر سکتے۔

دُوسرا نوٹ :۔ کیا یہ بہتر نہ رہے گا کہ آپ اس کہانی کی تردید شائع کردیں۔ تاکہ آپ آنریبل چیف منسٹر کو اور وہ عوام کو منہ دکھانے کے قابل ہو سکیں!

آپ کا
جنے۔ بھگوڑا۔ پرسنل اسسٹنٹ

کُھل گئی تیری حقیقت

ایڈیٹر دپرنٹر دپبلشر صاحب "دلیش دروہی"!

دو سینتے ہوئے، میں نے آپ کے اخبار میں اشتہار چھپوایا تھا کہ میری آدھی بھوری اور آدھی کالی بھینس چوری ہو گئی ہے (اشتہار کا بل ادا کر چکا ہوں) ۔آپ ہمیشہ بکتے ہیں کہ "دلیش دروہی" ہی اشتہار دے کر فائدہ اٹھائیں۔ مگر مجھے تو فائدہ کی بجائے نقصان ہوا۔ بھینس تو ملی نہیں ۔ اُلٹے میرا خاندانی گدھا بھی رسّہ تڑا کر کہیں بھاگ گیا۔

میں سمجھتا رہا، یہ اخبار کا نہیں، میری تقدیر کا قصور ہے لیکن کل میرے خالہ زاد بھائی نے انکشاف کیا کہ "درویش دروہی" تو ایک فراڈ اخبار ہے۔ اس میں بال کالے کرنے والے تیل کا ایک اشتہار چھپتا ہے، جس میں ایک ڈپٹی منسٹر کا تعریفی سرٹیفکیٹ بھی شامل ہوتا ہے۔ تیل منگوانے پر بال کالے تو کیا ہوتے سر کے بچے کھچے بال بھی جھڑ گئے ——— اسی طرح ہماری گوجر برادری کے ایک اور بھائی نے بتلایا کہ ہم ایک اشتہار "کنیا کے لئے ور کی ضرورت ہے" پڑھ کر جب کنیا سے ملے تو معلوم ہوا، وہ بھینگی ہے!

اب ہماری برادری کی جنرل باڈی میٹنگ نے فیصلہ کیا ہے کہ جب تک آپ میری بھینس والے اشتہار کی رقم پینتالیس روپے ساٹھ پیسے نہیں لوٹائیں گے، ہم اخبار کا بائیکاٹ کر دیں گے۔ اطلاعاً عرض ہے کہ ہماری برادری معمولی چیز نہیں ہے۔ وہ گذشتہ تین نسلوں ہی سے آپ کا اخبار پڑھتی چلی آ رہی ہے!

افسوس، اگر ہمیں معلوم ہوتا کہ آپ کا اخبار بھینسیں بھی نہیں پڑھتیں تو ہم تین نسلوں تک گمراہ نہ رہتے! شکر ہے کہ ہماری کم شدہ بھینس نے ہمیں راہِ راست دکھا دیا۔

آپ کا

گھاسی رام جنتا ملک ڈیری

توہین! —— توہین! —— توہین! ——

ایڈیٹر روزنامہ دیش درپن"!

ہرگاہ کہ میرے موکل سیٹھ دولت رام مفلوک کے متعلق آپ نے ایک خبر شائع کی ہے جو بادی النظر میں توہین آمیز معلوم ہوتی ہے کہ انھیں سرکاری اعزاز "چمکیلا ستارہ" کیوں عطا کیا گیا ہے جبکہ وہ اتنا غیر مہذب ہے کہ تمباکو والا پان کھاتا ہے اور جگہ جگہ تھوکتا پھرتا ہے۔

پان ہماری تہذیب کا گل رنگ ورثہ ہے اور کانسٹی ٹیوشن میں تمباکو کھانے کی بھی ممانعت نہیں ہے —— اس کے علاوہ آپ نے مفلوک صاحب کی شاعری کا بھی مضحکہ اڑایا ہے کہ ہلدی کے اس بیوپاری کے شعروں سے ہلدی کی باس آتی ہے۔ ان دونوں الزامات سے میرے معزز موکل کی ادبی

اور تجارتی یہاں تک کہ سوشل مرتبے کو بھی سخت ٹھیس پہنچی ہے اور عوام میں ان کی جائز مقبولیت ناجائز ہو گئی ہے!

میرے موکل (معزز موکل) نے مجھے ہدایت کی ہے کہ یا تو آپ اپنے اخبار میں پورے صفحے پر دست بستہ معذرت طلب کریں ورنہ آپ کے خلاف ازالہ حیثیت عرفی کا کیس تیار کیا جائے۔ معذرت میں سیٹھ صاحب کا فوٹو بھی شائع کیا جائے جس میں آپ اپنے فوٹو میں دست بستہ معافی مانگتے ہوئے نظر آئیں ——

معذرت طلبی کے لئے آپ کو پندرہ دن کی مہلت دی جاتی ہے اور اگر ان پندرہ دنوں میں میرے موکل کے دل پر توہین کا شدید دورہ پڑ گیا تو اس کے میڈیکل ہر جے خرچے کی ذمہ داری آپ پر ہوگی!

آپ کا

بانکے لال نڈر۔ ایڈوکیٹ (لائسنس یافتہ)

میری وصیّت

میں یہ وصیت نامہ اس لئے لکھ رہا ہوں تاکہ میرے بعد میری جائداد پر جو ڈیڑھ کمرے کے مکان پر مشتمل ہے جھگڑا کھڑا نہ ہو جائے اور میرے وارث ایک دوسرے کا خون نہ کر ڈالیں۔ کیونکہ گزشتہ دنوں ہمارے محلّے کے ایک بھائی نے دوسرے بھائی کا ایک گھٹنا اور ایک ٹانگ اس بات پر توڑ دی تھی کہ ان کا مرحوم باپ اپنے پیچھے جو اینٹیں چھوڑ گیا تھا، ان کی تقسیم پر جھگڑا ہو گیا تھا۔ ایک بھائی نے ایک اینٹ زیادہ اٹھالی تھی۔ اینٹ کا سائز چھ انچ ضرب دس انچ بتایا جاتا ہے۔

مَیں یہ وصیت پیشگی لکھ رہا ہوں کیونکہ میں نہیں جانتا کہ میں کب مروں گا مختلف جیوتشیوں نے میری عمر مختلف بتائی ہے۔ ایک نے پچاس سال، ایک نے پچھتّر اور ایک نے نوّے، یہ تینوں اندازے صحیح بھی ہو سکتے ہیں اور غلط بھی۔ کیونکہ آجکل کے جیوتشی مختلف پبلشروں کی کتابیں پڑھتے ہیں۔ میری عمر اِس

وقت اڑتالیس سال ہے۔ عین ممکن ہے میں ایک سواڑتالیس سال تک بھی زندہ رہوں۔ کیونکہ سُنا ہے کئی بوڑھے بڑی بڑی لمبی عمر تک جیتے رہتے ہیں اتنی لمبی عمر تک زندہ رہنے کی صرف دو وجہیں ہو سکتی ہیں۔ ایک تو یہ کہ وہ زیادہ سے زیادہ دیر تک صبح کی سیر کا لطف اٹھاتے رہیں اور دوسرے یہ کہ ان کی خبر اخباروں میں شائع ہو سکے کہ فلاں صاحب ایک سواڑتالیس سال کی عمر کے ہیں لیکن ابھی زندہ ہیں (نہ جانے ان کے زندہ رہتے چلے جانے کی وجہ کیا ہے؟)۔

بہرکیف عین ممکن ہے، صرف اخبار میں خبر چھپوانے کی خاطر مجھے بھی ایک سواڑتالیس سال تک زندہ رہنے کی حماقت کرنی پڑے۔ حماقت انسان کی مجبوری ہے، خواہش نہیں ہے!

میرے گھر کے چھ افراد ہیں (ساتواں زیرِ تعمیر ہے)۔ میں نے زندگی میں جو کچھ کمایا ہے، یہ افراد اسے اپنا فرضِ منصبی سمجھ کر کھا گئے۔ میرا بڑا لڑکا جب خود کمانے لگا تو مجھے گالیاں وغیرہ دے کر مجھ سے الگ ہو گیا۔

چند سال پہلے ایک بیمہ ایجنٹ نے مجھے موت کا ہوّا دکھا کر گمراہ کر دیا تھا لہٰذا میں نے دو ہزار روپے کا بیمہ کروالیا تھا۔ دو سال تک قسطیں ادا کرتا رہا۔ (اس دوران میں وہ بیمہ ایجنٹ خود مر گیا) اچانک ایک دن میں اپنے دو چھوٹے بچوں کی باتیں سن کر راہِ راست پر آگیا۔ وہ کہہ رہے تھے۔

"پپّو! ڈیڈی نے بیمہ کیوں کروا رکھا ہے؟"

"ہمارے لئے"

"ہمارے لئے کیسے؟"

"دیکھ بے وقوف! جب ڈیڈی مر جائیں گے تو یہ دو ہزار روپے ہمیں مل

جائیں گے"!

"نہ جانے ڈیڈی کب مریں گے؟"

"جب بھگوان چاہیں گے"!

"نہ جانے بھگوان کب چاہے گا!" (ٹھنڈی آہ!)

اور میں راہِ راست پر آگیا اور بیمے کی مزید قسطیں دینا بند کر دیں۔ کیوں کہ میں نے سنا تھا کہ بھگوان ننھے بچوں کی دعائیں جلد قبول کر لیتا ہے......

اس لئے میں وصیت کرتا ہوں کہ اگر میری موت کے بعد بیمہ کمپنی میری جمع شدہ قسطیں واپس کر دے تو وہ روپے میرے بچوں کو نہ دئے جائیں بلکہ کسی یتیم خانے کو دئے جائیں ۔ یہ ٹھیک ہے کہ میرے بعد میرے بچے بھی یتیم کہلائیں گے لیکن موت کے بعد میرے لئے سبھی یتیم بچے برابر ہیں۔

میرا جو ڈیڑھ کمرے کا مکان ہے۔ اسے میرے گھر کے چھ افراد میں تقسیم کر دیا جائے۔ احتیاطاً عرض ہے کہ میں نے یہ مکان بھارت سدھار فنانس کمپنی سے قرض لے کر خریدا تھا اور میرے گھر والے نہیں جانتے کہ میں نے قرض کی قسطیں کن کن خفیہ طریقوں سے ادا کیں۔ مثلاً میں نے بچوں کی نیکروں میں سے کپڑا بچایا۔ انہیں بوٹ لے دیئے جرابیں بچالیں، ایک بار میں نے اپنے چھوٹے بچے سنتوش کو چھوٹے سائز کی سلیٹ خرید کر دی یعنی سائز بچایا۔ میں نے بچوں کے دودھ میں پانی ملا کر انہیں بتایا کہ پتلا دودھ صحت کے لئے مفید ہوتا ہے۔ میں نے تین تین بچوں کو ایک چارپائی پر سلا کر ان میں برادرانہ اخوت پیدا کی کانچ کی چوڑیاں پہنا کر میں نے بیوی کو زیادہ رومانٹک اور دلکش کہا اور اپنی تین چوتھائی عمر بیوی کو یہ سمجھانے پر صرف کی کہ تم چاند کی طرح حسین ہو۔ کیونکہ چاند گہنے اور ساڑیاں نہیں پہنتا۔

یعنی اس طرح میں نے قرض کی قسطیں ادا کیں اور یہ باتیں میرے کنبے میں کسی کو معلوم نہیں۔ اگر میں اپنا غم نہ چھپاتا تو گھر والے کبھی خوش نہ ہوتے اور یہی میری ذہانت تھی۔ انسان غریب ہو تو ذہین ہو جاتا ہے۔ اور صرف ذہانت ہی نے غریبی کا ساتھ دیا ہے۔ فنانس کمپنیوں نے نہیں!

لیکن میری ذہانت کے باوجود فنانس کمپنیوں کی دو قسطیں ابھی تک باقی ہیں اس لیئے قانونی طور پر کمپنی ہی اس مکان کی مالک ہے۔ اگر میرے وارث میری دو قسطیں ادا نہ کرسکیں تو بلا شبہ اسے قرق ہونے دیں۔ میں اپنے مرنے کے بعد بھی اپنے اخلاق کو بلند دیکھنا چاہتا ہوں۔

میرے بعد میرے بچوں کو کیا مستقبل ہوگا؟ میں کوئی رائے نہیں دینا چاہتا کیونکہ میری تھیوری یہ ہے کہ ہر بچہ اپنا مستقبل خود بناتا ہے"۔ والدین تو بیچ کی کڑی ہیں جسے ہر بچہ آسانی سے توڑ دیتا ہے اور توڑنے کے بعد کوئی خوانچہ لگا لیتا ہے، کوئی کلرک بن جاتا ہے، کوئی بیرسٹر، کوئی غنڈہ اور کوئی تھانیدار... کبھی کبھی کسی خوانچہ فروش کا بچہ وزیر بھی بن جاتا ہے اور اس وزیر کا بچہ جیب کاٹتے ہوئے بھی پکڑا جاتا ہے۔

اس لیئے بچوں کے بارے میں باپ کو وصیت کرنے کا کوئی حق نہیں البتہ فرداً فرداً میں اتنا کہہ سکتا ہوں کہ میرا لڑکا پاشی تو فلم ایکٹر بننے کے لیئے بھاگ جائے گا۔ آج کل وہ مقامی سینما میں بلیک کی ٹکٹیں بیچتا ہے۔ دوسرا لڑکا رام کمار کوئی نہ کوئی مٹھ چلائے گا۔ اگرچہ اس بے چارے کو ابھی یہ علم نہیں کہ اس کے اندر دھرم کے نام پر لوٹ مچانے کی کتنی صلاحیت موجود ہے۔

آج کل وہ ایک دیوی کا بھگت ہے جو ہزاروں کماتی ہے۔ رام کمار بھی ہزاروں کمائے گا۔ گرو بن کر کار پر چڑھے گا۔ کوٹھی میں رہے گا۔ بڑے

بڑے انڈسٹریلسٹ اس کے میلے پاؤں دھوئیں گے۔ حسینائیں اس کے اردگرد رقص کریں گی اور رام کمار انھیں بتائے گا کہ یہ رقص، یہ خوشبوئیں آتما اور پرماتما کے وصال کا ذریعہ ہیں۔

اور اگر رام کمار یہ سب کچھ نہ کرے گا۔ یعنی وہ ذرا سا بھی چوک گیا تو گنگا میں جاکر چھلانگ لگادے گا کیونکہ آتم ہتیا بھی آتما اور پرماتما کے وصال کا ذریعہ ہے۔ تیسرا لڑکا بھولے ناتھ چپڑاسی، قلی، بس کنڈکٹر، لوئر ڈویژن کلرک، ان میں سے کوئی بھی عہدہ پانے کی صلاحیت رکھتا ہے۔ اگر سماج نے اسے ان میں سے کوئی چیز حاصل نہ کرنے دی تو وہ کمیونسٹ پارٹی میں شامل ہو جائے گا، یا شاعر بن جائے گا۔ بھولے ناتھ بنیادی طور پر نیک اور مخلص آدمی ہے۔ اِس لئے اس کے لئے بہتر یہ ہے کہ وہ کلرک بن جائے، پھر شادی کرے، پھر بچے پیدا کرے، جیسا کہ ہر بے بس گرہستی میں رواج چلا آرہا ہے۔ البتہ وہ منہ کا مزہ بدلنے کے لئے کلرکی کے ساتھ ساتھ کسی سیاسی پارٹی کا صدر بھی بن جائے اور شاعری وغیرہ بھی کرتا رہے تو کوئی ہرج نہیں —— سوسائٹی ایسے لوگوں سے بھری پڑی ہے۔

میری دو لڑکیاں بھی ہیں، جنھیں میں لڑکوں سے زیادہ پیار کرتا ہوں۔ بڑی لڑکی بالا عُمر اٹھائیس سال ابھی تک کنواری بیٹھی ہے، وہ دوشیزگی میں بھی بیوہ سی معلوم ہوتی ہے۔ ایسا معلوم ہوتا ہے اس نے دوشیزگی اور بیوگی کی درمیانی منزل خواب ہی خواب میں پار کرلی ہے۔ میں نے کئی بار جان بوجھ کر آنکھیں بند کیں تاکہ وہ کسی کے ساتھ بھاگ جائے، وہ نہیں بھاگی، شاید اس کا خیال ہے کہ عزت دار خاندانوں کی لڑکیاں کسی سے پیار نہیں کرتیں بلکہ پیار اور شادی کے مراحل خواب میں طے کرنے کے بعد جوگن بن جاتی ہیں

یا سماج سُدھار کا کام کرنے لگتی ہیں۔
بہرکیف بالا کا مستقبل طے شدہ ہے یعنی بیوگی اور سماج سدھار، جب اپنا سُدھار نہ ہو سکے تو سماج ہی کا سدھار کرنا پڑتا ہے۔

دوسری لڑکی ونمالا ہے۔ (عمر اکیس سال) اگر اس کی زندگی میں کوئی غیر متوقع حادثہ نہ ہو گیا تو وہ اپنی بڑی بہن کے نقش قدم پر چلے گی گزشتہ دو برس سے وہ اکثر خاموش رہنے لگی ہے۔ یہ خاموشی خطرناک ہے۔ مجھے شک ہے کہ وہ میری موت کا انتظار کر رہی ہے۔ کاش میں جلدی انتقال کر جاؤں، تاکہ اس کی خاموشی کے طوفان کو کنارے توڑنے کا موقع مل سکے۔
مجھے اس سے سچ مچ بڑی محبت ہے۔ میں نہیں چاہتا کہ پیار یا شادی سے پہلے اس پر بھی بیوگی کا زمانہ آجائے بیوگی سے پہلے کم از کم شادی شدہ تو ہونا ہی چاہیئے۔ شادی نہ سہی، پیار ہی سہی!
ونمالا کا خاموش طوفان اگر میری موت تک زندہ رہ سکا تو میری وصیت ہے کہ وہ ضرور کنارے توڑے۔ اس سے میری تمنا کو تسکین ملے گی۔ سماج سُدھار کے لئے میں صرف ایک لڑکی بھینٹ کر سکتا ہوں۔ دونوں نہیں!

میرے خاندان کی سب سے بڑی سمسیا میری بیوی ہے، وہ ساری زندگی میرے ساتھ محبت اور نفرت کے درمیان لٹکتی رہی ہے۔ میرے بعد وہ دہاڑیں مار مار کر روئے گی کہ میرے سر سے سایہ اُٹھ گیا حالانکہ میں اس کے سر پر ہمیشہ چلچلاتی دھوپ کی طرح پھیلا رہا۔ وہ میرے سر پر بجلی کی طرح کڑکتی رہی۔ میرے بعد دھوپ اور بجلی دونوں کا بدل ختم ہو جائے گا اور گہرا بھیانک اندھیرا چھا جائے گا۔ اُسی اندھیرے سے بچنے کے لئے وہ یہی کہا کرتی ہے کہ "اے بھگوان! مجھے میرے پتی دیو سے پہلے اس دنیا سے اٹھا لے"۔ اگر

بھگوان ایسا نہ کر سکا تو مجبوراً میرے بعد وہی میری جان نشین ہوگی۔ وہ ایک دلیر عورت ہے۔ لیکن صرف میرے جیسے بزدل کے سامنے جب بزدل درمیان سے نکل گیا تو اس کی دلیری بیکار ہو جائے گی۔ میرا خیال ہے کہ میرے بعد وہ خاندان کے شیرازہ کو بکھرنے سے روک نہ سکے گی۔ اس لئے مناسب یہی ہے کہ جب شیرازہ بکھر جائے تو وہ کسی ودھوا آشرم میں داخل ہو جائے۔ کیوں کہ ہر ہندوستانی عورت کی دو منزلیں ہیں۔ گرہستی اور ودھوا آشرم درمیان کی سبھی منزلیں دھوکا ہیں، فریب ہیں، چھلاوا ہیں۔

ان کے علاوہ میں اپنے پیچھے کچھ دشمن چھوڑے جا رہا ہوں۔ یہ سبھی دشمن کبھی میرے دوست تھے جب ایک ایک کر کے میرے دشمن بن گئے تو میں نے مزید دوست بنانا چھوڑ دئے۔ اس لئے اس وقت میرا کوئی دوست نہیں ہے اور بغیر دوست کے مر جانے میں مجھے بہت راحت مل رہی ہے۔ مجھے اطمینان ہے کہ اب میرا کوئی دوست میرے بچوں سے ہمدردی کرنے نہ آئے گا، صرف دشمن ہی آئیں گے جو کہیں گے، اب مرحوم سے ہماری کوئی دشمنی نہیں رہی۔

میں نے زندگی میں کچھ لوگوں کے ساتھ نیکیاں کیں جن کا اعتراف زندگی میں کسی نے نہیں کیا۔ لیکن اب وہ انھیں اپنے دماغ کے قبرستان میں سے کھود کھود کر نکالیں گے اور کہیں گے .....''مرحوم عظیم تھا، نیک تھا جس کا پھل اسے ضرور ملے گا آہ! اسے کچھ مزید نیکیاں کرنے کا موقع نہیں ملا۔ ورنہ وہ اور نیکیاں بھی کرتا۔''

میں نے کچھ لوگوں سے برائیاں بھی کی ہیں جنھیں لوگوں نے میری زندگی میں ہمیشہ یاد رکھا ہے۔ لیکن میرے مرنے کے بعد وہ انھیں بھول جانے کی کوشش کریں گے۔ یہ ان کے اخلاق کی بلندی ہوگی، اخلاق ہمیشہ

موت کے بعد بلند ہوتا ہے - لیکن انھیں یہ بھی جاننا چاہیئے کہ انھوں نے بھی مجھ سے کافی بُرائیاں کی ہیں - اس لئے بُرائیوں کا حساب کتاب برابر سمجھا جائے اور اس سلسلے میں مزید تحقیقات بند کر دی جائے ۔ اگرچہ مجھے شک ہے کہ میں نے نسبتاً کم بُرائیاں کی ہیں -

میرے گھر میں کچھ فرنیچر ہے، کچھ برتن ہیں، کچھ کپڑے ہیں جنھیں میرے گھر والے آپس میں تقسیم کریں یا نہ کریں - ایک ایک کرسی اور ایک ایک گلاس پر ایک دوسرے کے گھٹنے توڑیں یا نہ توڑیں، مجھے اس سے کوئی دلچسپی نہیں - لیکن میں اتنا ضرور کہنا چاہتا ہوں کہ یہ سب چیزیں مائع ہیں، گلاس بھی، گھٹنا بھی -اس لئے مائع کی خاطر مائع کو توڑنا بے وقوفی ہے۔

اس کے علاوہ میرے پاس کچھ کتابیں ہیں -ان میں اکثر مانگے کی ہیں - کچھ چرائی ہوئی ہیں - وہ کسی لائبریری کو دان کر دی جائیں - کچھ خطوط ہیں، جن میں کچھ ان دوستوں کے ہیں جو انھوں نے دشمن بننے سے پہلے لکھے تھے کچھ رشتے داروں کے ہیں، جو زندگی میں بھی بے معنی تھے اور مرنے کے بعد بھی بے معنی ہوں گے۔ اور کچھ خطوط وہ ہیں جو میری محبوبہ نے مجھے لکھے تھے - دنیا کے ہر انسان کے پاس کم یا زیادہ ایسے پریم پتر ضرور ہوتے ہیں لیکن میری محبوبہ اب ایک شادی شدہ معزز خاتون ہے -اس لئے میرے وارث ان خطوط سے اسے بلیک میل کرنے کی کوشش ضرور کریں گے لیکن موت سے ایک دن پہلے میں ان محبت ناموں کو تلف کر دوں گا - میں اپنی محبوبہ کو بھی وصیت کروں گا کہ اگر اس کے پاس بھی میرے کچھ خطوط ہوں تو انھیں تلف کر دے - رُسوا ہونے یا کرنے کا کیا فائدہ؟ —— رُسوائی صرف زندہ انسانوں کے لئے مناسب ہے!

اپنا وصیت نامہ ختم کرنے سے پہلے میں اپنے وارثوں کو ایک ضروری اطلاع دینا چاہتا ہوں کہ مجھے ایک جیوتشی پنڈت رگھوبر دیال شاستری نے کہا تھا۔ تیری موت کسی اونچی جگہ سے گرنے سے ہوگی۔ اگر ایسا نہ ہوا تو میرے وارثوں کو چاہیے کہ اس جیوتشی کو پکڑ کر اسے کسی اونچی جگہ سے گرا دیں، تاکہ اس کا جیوتش اگر میرے حق میں صحیح ثابت نہ ہوا تو اس کے حق میں ہی صحیح ثابت ہو جائے !!

فکر تونسوی بھیڑ کا آدمی!

مجتبیٰ حسین نے لکھا

گذشتہ دس برسوں میں ملک نے کتنی حیرت انگیز ترقی کی ہے اس کا ایک ثبوت یہ ہے کہ آج سے دس برس پہلے میں فکر تونسوی کا ایک ادنیٰ سا مداح اور پرستار تھا اور آج دس برس بعد میں ان کا خاکہ لکھ رہا ہوں۔ آپ کہیں گے کہ یہ فکر تونسوی کا زوال ہے مگر میں زوال کی نہیں ترقی کی بات کر رہا ہوں۔

دس بارہ سال پہلے میں 'ملاپ' میں فکر تونسوی کا کالم "پیاز کے چھلکے" کچھ ایسی پابندی سے پڑھا کرتا تھا جیسے کوئی بھگت پابندی سے گیتا کا پاٹھ کرتا ہے — محض "پیاز کے چھلکے" کی خاطر میں ملاپ کی سالم کاپی یوں خریدا کرتا تھا جیسے کسی دوشیزہ کے گال پر خوشنما سیاہ تل" کو دیکھ کر بعض ناعاقبت اندیش نوجوان "سالم دوشیزہ" سے شادی کر لیتے ہیں۔ فکر تونسوی آج بھی میرے لئے ادب کے گال پر "سیاہ تل" کی حیثیت رکھتے ہیں۔

اگست ۱۹۶۱ء میں مجھے دہلی جانے کا موقع ملا جس دن دہلی پہنچا' اس شام کو کناٹ پلیس کے 'ٹی ہاوس' میں یونہی چائے پینے کے لئے چلا گیا۔ چائے پی ہی رہا تھا کہ سامنے والی میز پر مجھے ایک ایسا شخص نظر آیا جو "HUNCH BACK OF NOTRE DAM" سے بڑی مشابہت رکھتا تھا۔ جب دل ہی دل میں قدرت کی ستم ظریفی پر ہنستا رہا کہ وہ کیسی کیسی صورتیں بنا کر دنیا میں چھوڑ دیتی ہے۔ ابھی میں اس شخص کو دیکھ ہی رہا تھا کہ اچانک یہ احساس ہوا کہ میں نے اس شخص کو پہلے بھی کہیں دیکھا ہے۔ پھر سوچا کہ "ہنچ بیک آف ناٹرے ڈیم" کو چونکہ میں پڑھ چکا ہوں' شاید اسی ناول میں میں نے اسے دیکھا ہو۔ کبھی کبھی ادب بھی تو زندگی سے قریب ہو جاتا ہے۔ میں دماغ پر زور دے ہی رہا تھا کہ مجھے اچانک کسی رسالہ میں چھپی ہوئی فکر تونسوی

کی تصویر یاد آگئی۔ اس شخص کا حلیہ فکر تونسوی کے حلیہ سے بہت ملتا جلتا تھا (بشرطیکہ اسے حلیہ کہا جاسکے)۔ فکر تونسوی کے حلیہ کی بابت یہ عرض کردوں کہ ان کے چہرے پر دو آنکھیں ایک ناک ہے، تھوڑی بہت پیشانی بھی ہے گال بھی بقدر ظرف موجود ہیں (کسی زمانہ میں ان پر گوشت و پوست بھی رہا ہوگا)۔ غور سے دیکھا جائے تو ہونٹ بھی نظر آجاتے ہیں ان ساری باتوں کے باوجود ان کے حلیے کی خوبی یہ ہے کہ ان پر آدمی ہونے کی تہمت لگائی جاسکتی ہے۔ ان کے حلیہ میں اگر کوئی نمایاں شے ہے تو وہ ان کا "قلم" ہے۔ فکر تونسوی اس وقت تک خوبرو نظر نہیں آتے جب تک کہ ان کے حلیہ میں ان کے قلم کو بھی شامل نہ کردیا جائے (عرف عام میں اسے ملاوٹ بھی کہتے ہیں)۔

بہرحال جب مجھے گمان ہوا کہ یہ شخص فکر تونسوی بھی ہوسکتا ہے تو میں اپنی کرسی سے اٹھ کر اس کے پاس گیا۔ بڑے ہی نرم لہجہ میں پوچھا ——"کیا آپ فکر تونسوی ہیں؟"

وہ شخص نہایت کرخت پنجابی لہجہ میں بولا —— "ہاں جی!"

بس پھر کیا تھا میں اپنا تعارف کرائے بغیر ان سے بغلگیر ہوگیا۔ وہ بڑی حیرت سے مجھے دیکھتے رہے۔ جب میں کرسی پر بیٹھ گیا تو فکر تونسوی نے کسی قدر شرماتے ہوئے پوچھا۔

"آپ کی تعریف ——؟"

اچانک مجھے اپنی غلطی کا احساس ہوا اور میں نے کہا "اوہو! معاف کیجئے! میں نے اپنا تعارف نہیں کرایا۔ مجھے مجتبیٰ حسین کہتے ہیں"۔ یہ سنتے ہی فکر تونسوی اپنی کرسی سے اٹھ کھڑے ہوئے اور بولے "پہلی بار تم بغلگیر ہوئے تھے اب مجھے بغلگیر ہونے کا موقع دو۔ بغلگیری دوطرفہ ہونی چاہیئے، یکطرفہ نہیں!" اس دن سے کے بعد سے آج تک یہ "بغلگیری" جوں کی توں برقرار ہے۔

فکر تونسوی کئی باتوں کی وجہ سے میری کمزوری ایسے ہیں۔ ادیب کی حیثیت سے میں انھیں اس لئے پسند کرتا ہوں کہ وہ ہمیشہ عدالت کے کٹہرے میں کھڑے ہو کر مضامین

لکھتے ہیں۔ ادب میں آج تک کسی نے اس طرح مضامین لکھنے کی کوشش نہیں کی۔ کہنے کا مطلب یہ ہے کہ جس طرح عدالت کے کٹہرے میں کھڑے ہو کر ہر گواہ یہ کہتا ہے کہ "میں قسم کھا کر کہتا ہوں کہ جو کچھ بھی کہوں گا سچ کہوں گا اور سچ کے سوائے کچھ بھی نہیں کہوں گا۔" اسی طرح فکر تونسوی اپنا ہر مضمون لکھنے سے پہلے اپنے آپ کو عدالت کے کٹہرے میں کھڑا کر دیتے ہیں اور اعلان کرتے ہیں کہ "جو کچھ بھی لکھوں گا وہ سچ لکھوں گا اور سچ کے سوائے کچھ بھی نہیں لکھوں گا۔" گذشتہ پندرہ برسوں میں مَیں نے فکر تونسوی کے بیشمار مضامین پڑھے ہیں اور ان مضامین میں مجھے ایک ہی چیز نظر آئی اور وہ یہ "سچ"!

جہاں تک فکر تونسوی کے لکھنے کی رفتار کا تعلق ہے بعض احباب کا خیال ہے کہ آواز کی رفتار اور ان کے لکھنے کی رفتار میں کچھ زیادہ فرق نہیں ہے۔ مَیں نے انہیں جب بھی دیکھا کچھ نہ کچھ لکھتے ہوئے دیکھا۔ ہزاروں بلکہ لاکھوں صفحے لکھ ڈالے۔ ملاپ کا روزانہ کالم تو یہ لکھتے ہی ہیں بیسیوں رسالوں کے لئے مضامین لکھتے ہیں، دوستوں کو خطوط لکھتے ہیں، گھر میں دھوبی کا حساب لکھتے ہیں۔ بچوں کی تعلیمی فیس اور گھر کے اخراجات کا حساب لکھتے ہیں۔ غرض وہ کیا نہیں لکھتے۔ وہ ان ادیبوں میں سے ہیں جو لکھنے پڑھنے کو اوڑھنا بچھونا بنائے ہوئے ہیں۔ ایک کافی ہاؤس ہی ایسی جگہ ہے جہاں میں نے انہیں لکھتے ہوئے نہیں پایا۔

اس سیدھے سادے اور عملی زندگی میں بڑی حد تک معصوم آدمی کو جب بھی دیکھتا ہوں تو حیران رہ جاتا ہوں کہ آخر اس شخص میں اتنا STAMINA کہاں سے آگیا کہ برسوں سے لکھ رہا ہے مگر پھر بھی "خرچ" ہونے میں نہیں آتا۔ اس شخص کی ذات میں آخر طنز کے کتنے سرچشمے ہیں جو بس اُبلتے ہی رہتے ہیں کبھی سوکھنے کا نام نہیں لیتے۔ جو ادیب "روزانہ کالم نگاری" کی اذیت سے دوچار ہو چکے ہیں وہ جانتے ہیں کہ روزانہ کالم نگاری کتنا جان لیوا پیشہ ہے۔ اچھے اچھوں کا کلیجہ منہ

کو آجاتا ہے مگر فکر تونسوی ہیں کہ پندرہ برسوں سے مسلسل لکھتے چلے جا رہے ہیں اور ہر بار نئی چیز لکھ رہے ہیں۔ یوں بھی اُردو ادب میں "سیاسی طنز" نہ ہونے کے برابر ہے۔ اس میدان میں فکر تونسوی نے جو مقام حاصل کیا ہے وہ مقام شاید ہی کسی کو نصیب ہو سکے۔

فکر تونسوی عام زندگی میں بیوقوفی کی حد تک معصوم آدمی نظر آتے ہیں۔ انھیں دیکھ کر کوئی یہ کہہ ہی نہیں سکتا کہ ایسا بدھو شخص بھی اُردو کا اتنا بڑا طنز نگار ہو سکتا ہے۔ ان سے اگر آپ ملنا چاہیں تو شام کے وقت کناٹ پلیس کے کافی ہاؤس میں چلے جائیں۔ لوگوں کی بھیڑ میں ایک شخص اپنے سیدھے پاؤں کو زمین سے گھسیٹتا ہوا نظر آئیگا یہی شخص فکر تونسوی ہوگا۔ یہ اپنے اطراف ادیبوں کو جمع کرنے کے قائل نہیں ہیں، ہمیشہ چند نوجوانوں اور چند "سرداروں" میں گھرے نظر آئیں گے۔ خود تو لطیفہ نہیں سناتے مگر دوسروں کے لطیفوں پر بے ساختہ ہنستے ہیں بلکہ گھر جا کر بھی ہنستے ہیں۔ ایک دن میں نے انھیں ایک لطیفہ سُنایا۔ خوب ہنسے۔ دوسرے دن مَیں پھر اُن سے ملنے گیا تو دیکھا کہ اکیلے بیٹھے ہیں اور ہنس رہے ہیں۔ مَیں نے پوچھا "کس بات پر ہنسی ہو رہی ہے؟" کہنے لگے "کل والے لطیفہ میں تھوڑی سی ہنسی باقی تھی وہ ہنس رہا ہوں"۔ ہنسی کی اس طرح جگالی کرنے والا میں نے آج تک نہیں دیکھا۔

کافی ہاؤس کی بھیڑ میں جب فکر تونسوی بھیڑ کا حصہ بننے لگتے ہیں اور ایرے غیرے کی ذات میں اُترنے لگتے ہیں تو مَیں اکثر اوقات اپنے ذہن میں انھیں اس بھیڑ سے جُدا کرنے میں مصروف ہو جاتا ہوں۔ اتنا بڑا ادیب بھیڑ کا حصہ کیسے بن سکتا ہے؟ اسے کہیں تو رُکنا چاہیے۔ کبھی کبھی میں انھیں ٹوکتا ہوں تو وہ خالص پنجابی لہجہ میں کہتے ہیں ——— "او چھڈ یار! چُپ رہ، مَیں تاں ایسے بھیڑ دا حصہ

آر۔ایس ایس رہنا ہے"۔

کہتے ہیں "یار! اس بھیڑ میں نہ جاؤں تو کہاں جاؤں؟ اسی بھیڑ نے مجھے سب کچھ دیا ہے۔ میں اسی بھیڑ سے آیا ہوں اور اسی بھیڑ میں چلا جاؤں گا کیونکہ اسی بھیڑ نے مجھے اُگلا ہے۔ میں جن لوگوں کے لئے لکھتا ہوں وہ اسی بھیڑ میں رہتے ہیں۔ تم تھوڑی دیر کے لئے مجھے ادیبوں کا حصّہ تو بنا دیتے ہو مگر ادیبوں کے ساتھ مشکل یہ ہوتی ہے کہ وہ اپنے اپنے خول میں بند ہوتے ہیں۔ ہر ایک اپنی اپنی انفرادیت میں گم ہوتا ہے۔ وہ تھوڑی دیر کے بعد اپنی اپنی ذات کے قلعوں میں بند ہو جاتے ہیں اور اس کے بعد میں اور یہ بھیڑ دونوں ہی اکیلے رہ جاتے ہیں۔ بھیڑ مجھے چھوڑ کر کہیں نہیں جاتی۔ تم لوگ بھاگ جاتے ہو"۔

اور میں بڑی حیران نظروں سے فکر تونسوی کو دیکھتا رہتا ہوں ۔ یہ کیسا عجیب شخص ہے جو بھیڑ میں اپنے آپ کو ضم کرنا چاہتا ہے مگر پھر بھی بھیڑ سے کس قدر مختلف ہے۔